武汉理工大学研究生教材建设基金资助出版

CULTURE STRATEGY OF SOCIETY STABILITY

社会稳定的文化方略

雷卫平 著

WUHAN UNIVERSITY PRESS
武汉大学出版社

图书在版编目(CIP)数据

社会稳定的文化方略/雷卫平著.—武汉：武汉大学出版社,2019.9
ISBN 978-7-307-21159-9

Ⅰ.社…　Ⅱ.雷…　Ⅲ.文化事业—建设—研究—中国　Ⅳ.G12

中国版本图书馆 CIP 数据核字(2019)第 203931 号

责任编辑:王智梅　　责任校对:李孟潇　　版式设计:马　佳

出版发行：**武汉大学出版社**　(430072　武昌　珞珈山)
(电子邮箱：cbs22@ whu.edu.cn　网址：www.wdp.whu.edu.cn)
印刷：武汉市宏达盛印务有限公司
开本:720×1000　1/16　印张:13.25　字数:184 千字　插页:1
版次:2019 年 9 月第 1 版　2019 年 9 月第 1 次印刷
ISBN 978-7-307-21159-9　定价:52.00 元

目　　录

第1章 导 论

社会稳定是一种奋斗目标，也是一种价值追求，在某种程度上，也可以说是一种文化境界。一个社会如果没有文化，那么这个社会就相当于没有灵魂。实现社会稳定，需要坚实的经济基础，也需要强大的精神支撑，更需要良好的文化条件。

1.1 研究的背景及意义

1.1.1 研究的背景

稳定是客观事物和人类社会的理想存在状态，任何社会、政府和民众都特别向往和追求这种状态。社会稳定符合人们的利益和愿望，事关国家的兴盛和富强，关乎人类的生存和发展。无论世易时移，社会稳定始终是国家发展的基石，是人民福祉的源泉。邓小平曾明确提出："中国的问题压倒一切的是需要稳定。没有稳定环境，什么都搞不成，已经取得的成果也会失掉。"① 当前，我国正处于社会转型期和改革关键期，无论是国际敌对势力的破坏、过于悬殊的贫富差距、自然生态环境恶化，还是道德滑坡、心理失衡、腐败现象等都导致错综复杂的社会问题和社会矛盾，影响着社会的稳定，实现社会稳定的任务日趋繁重。那

---

① 邓小平．邓小平文选（第3卷）［M］．北京：人民出版社，1993：355.

么，到底如何实现社会稳定？诚然，社会稳定需要发展经济，需要完善法律，需要创新管理，社会稳定也需要发挥文化的作用，需要借助文化的力量。当存在或出现某些社会不稳定的情形或状况时，当考察古今中外实现社会稳定的方式方法时，就会发现实现社会稳定必须发挥文化的作用。文化越来越成为社会经济发展的战略资源，越来越成为实现社会稳定的重要力量。“一个没有精神力量的民族难以自立自强，一项没有文化支撑的事业难以持续长久。”① 诚然，一个没有文化支撑的社会难以持久稳定。文化的投资，就是“国力”的投资，文化的方略，就是“稳定”的保障。通过文化方略来解决社会问题，化解社会矛盾，是实现社会稳定的必然选择。正是基于社会稳定的重要性，基于当前一系列的社会矛盾影响社会的稳定，基于文化作用的认识，因此，研究社会稳定的文化方略，最大限度地发挥文化的作用来实现社会稳定非常必要。

1.1.2 研究的意义

首先，有利于拓宽社会稳定的研究视野。该研究是源于社会与文化关系的深刻认识，是对社会重大热点问题的一种探索，也是对我国文化的一种反思。实现社会稳定不仅需要物质基础、政治保障，更需要文化的支撑。文化是社会得以前进发展的基础，也标志着社会进步的程度。文化是一个时代、一个社会进步和发展的主要标志，文化是社会发展和进步的基石；文化的发展可以为社会不断提供智力支持和精神动力。实现社会稳定，需要文化的引领和支撑。所以，社会稳定的文化方略研究有利于拓展社会稳定的研究视野。

其次，有利于完善社会稳定的理论与实践体系。社会稳定“是指社会生活的安定、协调、和谐和有序，是通过人们的自觉干预、控制和调节而达到的社会生活的动态平衡”②。很多专家、学者从不同角度、

① 习近平．在同各界优秀青年代表座谈时的讲话［N］．人民日报，2013-05-05（01）．

② 陶德麟．社会稳定论［M］．济南：山东人民出版社，1999：4.

不同层面对社会稳定相关问题进行了较为深入的分析和研究，取得了较多社会稳定的研究成果，得出了较多较好的对策，并对实现当前社会稳定起着积极的指导、支撑作用。笔者发现已有的研究中，大多是从机制的建立、经济的发展、合理的分配、科学的管理等方面来探讨实现社会稳定，而从文化的视角来研究实现社会稳定的却比较少见，用文化的视角研究社会稳定是社会稳定研究领域的薄弱环节。诚然，没有社会稳定，国家就难以振兴和富强；离开文化支撑，社会稳定也难以实现。所以，本书从剖析产生社会不稳定的现实问题着手，基于文化的视角，研究社会稳定的文化方略，可以丰富社会稳定的相关理论与实践。

再次，有利于深化文化的理论与实践体系。文化是民族的血脉，是人民的精神家园。改革开放特别是党的十六大以来，我国不断促进文化事业和文化产业发展，不断推动文化领域取得新成就，形成了我国文化领域所特有的有关理论和有关政策，促进我国文化逐步呈现其科学的、民族的、大众化的特征，增强国家文化的软实力，丰富了人们的精神世界，增强了人们的精神力量，不断增强了文化的感召力和吸引力。社会稳定的文化方略研究，正是对这些思想的积极实践，同时也是对文化理论的进一步深化。

1.2 研究现状综述

1.2.1 国外相关理论研究综述

当前，西方学者从不同角度对社会稳定进行了较为详细的研究，产生了一系列的研究成果，取得了很多有影响的社会稳定相关理论。比如：美国学者康豪瑟的“中层组织”理论，美国社会学家科塞的“社会冲突”理论，美国政治学家亨廷顿的社会稳定理论，法国社会学家涂尔干等关于社会稳定的精神（非智力）因素理论，法国社会心理学家、社会学家勒庞的“心理挫折”理论，德国社会学家科赛的“冲突功能”理论，德国社会学家W. 贝克的“社会风险”理论，法国社会学家、政治学家托克维尔的“期望差距”理论，等等，在当时，这些研究成果在社会上都产生了较大的影响。如1959年美国社会学家康豪瑟的《大众社会政治》一书，对“中层组织理论”进行了较为详细的说明，提到中层组织为国家、中层组织以及中层组织之间提供了沟通交流的渠道，并且认为正是由于中层组织的多样性才导致利益的多样化、认同的多元化，从而降低社会产生大规模革命的可能性；1956年美国社会学家科塞出版《社会冲突的功能》一书，该书提出的冲突功能理论就认为冲突可以通过安全阀加以释放，社会冲突有正能量，当时此研究思想在欧洲和美国引起很大反响；法国社会学家涂尔干在其《社会分工论》中提出了社会团结的观念，涂尔干提出：社会是由矛盾构成的，为了调节社会的各种矛盾，预防社会的动乱、衰退，实现社会的团结，就应规范调节社会道德，因为社会动乱、社会危机的产生始于社会道德规范的缺失，因社会的衰退、动乱引发社会文化的不稳定；德国学者韦伯在其《经济与社会》著作中认为，要实现社会稳定，就要重视社会精神、社会价值等在实现社会稳定中所发挥的作用；德国社会学家贝克在《社会风险》一书中提出了风险社会学说，该学说指出，社会上的所有人，不论处于何种地位，不论属于哪个阶层，不论属于哪个种族，不论财富状态如何，都会受到世界风险的影响；20世纪美国社会学家帕森斯在《现代社会的结构与变迁》一书中针对市场经济产生的一系列社会问题，提出了“社会整合”的概念；法国政治思想家托克维尔在其发表的《旧制度与大革命》著作中，从政治入手，研究社会变迁问题，得出了他的社会学观点，他认为导致现代社会不稳定的根源在于自由与民主两者关系存在着冲突；法国学者奥古斯特·孔德在《实证主义教程》中提出秩序是一切进步的前提和保障，并指出实现社会稳定关键在于科学设置社会组织；美国社会学家埃森斯塔德在其著作《现代化：抗拒与变迁》中指出社会稳定的基石就在于确保经济的稳定，他提到“经济领域在发展和现代化方面居于首要地位，经济问题的解决，对于现代化及其政治体制的存活与发展，保障现代化的延续、持续增长，以及任何制度领域的持续发展都具有重要的意义”① 等，其中一些具有代表性和影响力的西方社会稳定研究理论对当前社会仍有着很大的启示价值。其主要有：

第一，康豪瑟的“中层组织”理论。

最先提出中层组织对社会稳定的作用应为法国历史学家、社会学家托克维尔，托克维尔在其《旧制度与大革命》一书中首次提到中层组织，然而对中层组织取得具有权威性研究成果的则是美国社会学家康豪瑟。康豪瑟于1959年在其发表的《大众社会政治》一书中提到中层组织对于实现社会稳定的重要性，他认为，如果社会中层组织缺乏，那么这种社会就应为大众社会，如果社会缺乏中层组织，民众有可能受到精英的直接操控，社会民众就可能发生无组织性、无规范性的大规模运动。他提到社会如果存在合理的中层组织，则民众对社会的种种不满可以依靠合理的对话机制来表达诉求，这样就可以避免较大规模社会运动的发生，也可以避免社会革命的产生。他认为中层组织可以导致社会不满的多元化，由于社会上存在不同的阶层，不同的阶层对社会的不满也不同，不同的不满有着不同的指向，从而不能形成交集，不能产生共鸣，这在一定程度上可以避免社会动荡的发生；并且中层组织能够在国家与民众之间起着桥梁与纽带作用，中层组织既可以和国家精英联系，也可以和普通民众联系，从而可以避免一些社会问题。

虽然“中层组织”理论存在着自身的片面性和局限性，但对于研究社会稳定理论与实践有着较多启迪，对于目前社会稳定的实现也有着指导价值。诚然，社会存在着的中层组织越多越发达，社会民众的意见就会越不一样，社会意见最终就越不一致，这样就越不可能发生革命，这种情况社会就越会处于稳定状态。相反，如果社会中层组织不太发

① ［以］艾森斯塔德．现代化：抗拒与变迁［M］．北京：中国人民大学出版社，1998：57-58.

达，社会民众交流不多，竞争不够，在此情况下，如果此时突然出现某一组织将民众引向哪里，民众就会跟向哪里。

第二，科塞的“社会冲突”理论。

19世纪末20世纪初，德国社会学家齐美尔提出了具有创造性的理论——社会冲突论，在齐美尔提出社会冲突论的基础上，1956年美国社会学家科塞出版了《社会冲突的功能》一书，该书对社会冲突论进行了完善、升华，该书论述了冲突对社会所发挥的功能，当时正是其的出版，使得社会冲突理论成为当时社会学的热点理论，受到了当时欧美国家的高度重视。其观点有：首先，认为冲突有正反两方面功能。冲突是由不满情绪产生的，冲突使特定社会群体或关系的适应能力增强，使社会成员间的关系得以协调与巩固，从而使社会趋于稳定，外部冲突如果发生在缺乏内部团结的群体，也可能导致特定社会结构的瓦解。其次，认为必要的冲突可以通过“安全阀”加以释放。科塞提出：“社会冲突是否有利于内部适应，取决于是在什么样的问题上发生冲突，以及冲突发生的社会结构。”① 也就是说，如果社会得以维系的基本、核心价值观发生冲突，那么必定会破坏社会的稳定，反之亦然。虽然说科塞的冲突理论中有关功能主义有批判结构功能理论之处，但这并不表示其就是全盘否定结构功能理论，而是对结构功能理论的完善、补充，尤其是其提出的“安全阀”理论论述，为社会稳定、社会管理等方面给予了许多有益的参照。

第三，亨廷顿的社会稳定理论。

西方政治发展研究领域最具代表性学者应为美国政治学家——亨廷顿，亨廷顿的《变革社会中的政治秩序》一书，是西方政治发展理论研究方面的经典著作，也是其理论奠基之作。他在其中探讨分析、总结得出了几十个发展中国家20世纪五六十年代发生政治动荡的根本原因：是因为它们力图实现现代化，而不在于它们的贫穷和落后。亨廷顿的主

① ［德］L. 科塞．社会冲突的功能［M］．北京：华夏出版社，1989：134.

要观点有：其一，经济发展不一定会促进政治稳定，有时甚至相反；同样，政治稳定可以实现经济的发展，但有时也相反。他提出：不仅经济和社会的现代化会导致社会不稳定，而且社会不稳定的程度也与现代化的快慢相关。其二，某一个国家、地区成为现代化社会之后，社会相对现代化社会之前来说是稳定的，但实现现代化社会的过程中，往往会出现社会的不稳定。在实现社会现代化的过程中，社会不可避免地会发生动乱。

第四，贝克的社会风险理论。

1986年德国社会学家W. 贝克出版了《风险社会：迈向一种新的现代性》一书，该书的出版标志着风险社会理论的提出，该理论的主要观点为：人们的社会生活正处于工业社会转向风险社会。在风险社会里，经济的风险、社会的风险、政治的风险以及个人的风险等没法回避工业社会所建立起来的风险预防和监督机制。伴随风险社会的到来，社会发生着许多的变化，如工业社会与自然和文化资源的建议性关系逐渐消失；风险的分配和管理成为社会的日常议题；工业社会所具有的基本观念也在改变。

1.2.2 国内相关理论研究综述

社会稳定备受国家、民众的共同关心，也受到理论界、学术界重点关注。社会稳定在我国的研究始于20世纪80年代，我国学者刚开始研究社会稳定，侧重于从社会问题的角度来研究社会稳定。随后在我国，取得了一系列与社会稳定相关的学术论文、学术专著等学术研究成果。比较有代表性的学术成果有：贺电等著的《社会稳定建设论》，肖唐镖主编的《社会稳定研究：城乡之间》，陶德麟主编的《社会稳定论》，任红杰所著的《社会稳定问题前沿探索》，王银所著的《社会稳定及预警机制研究》，宋宝安主编的《社会稳定与社会稳定机制研究》，刘尚华所著的《社会稳定的科学评估体系研究》，胡联合、胡鞍钢等著的《中国当代社会稳定问题》，陈小君等著的《涉农信访与社会稳定研究》，周小毛所著的《和谐稳定论》，钟俊生等编著的《社会稳定若干重大问题研究》，王伟光著的《经济利益、政治秩序、社会稳定：社会主义社会矛盾深层反思》，黄东平所发表的《论维护社会稳定模式的转换》，马苹所发表的《论新世纪新阶段维护我国社会稳定的基本要求》，高和荣所发表的《论中国社会稳定的内涵及其当代意义》，张恒山所发表的《从文明转型看当代中国社会稳定状态》，吴鹏森所发表的《当前社会不稳定的突出表现及形成机理》，才立琴所发表的《压力下的青年发展与社会稳定》，饶武元等所发表的《社会稳定视野下的思想政治工作管理创新》，雷友华所发表的《社会稳定与思想政治工作创新》，魏磊所发表的《社会稳定与社会控制的科学化》，徐家庆所发表的《转变理念：维护社会稳定的应然》等。这些专家学者对如何实现社会稳定的实现路径、对策等都进行了比较详细的分析研究，所有这些研究成果为开展社会稳定的文化方略研究提供了有益的铺垫。

关于社会稳定内涵的界定。邓伟志从社会规范的角度出发，提出人的社会行为特别是可预见的未来趋向的确定性、人的社会心态的确定性以及社会管理系统行为的确定性，社会稳定就有了保障，认为社会稳定是指社会规范确定性。① 任红杰从社会演进过程出发，认为社会表现为两种状态，即有序状态和无序状态。前者对应的是社会稳定，后者对应的是社会动荡。社会稳定是指社会存在与发展的有序状态，社会动荡是指社会存在与发展的无序状态。② 李世杰认为社会稳定的实质是社会对社会自身调节的一种能力，其目的在于促进社会健康可持续发展，其归宿在于确保人们能生活的安定和幸福，其具有动态性、综合性等特征。③

① 邓伟志．变革社会中的政治稳定［M］．上海：上海人民出版社，1997：3-8.

② 任红杰．社会稳定问题前沿探索［M］．北京：中国人民公安大学出版社，2005：2-3.

③ 李世杰．社会学视野中社会稳定的内涵与模式［J］．兰州学刊，2008（11）：107.

关于影响社会稳定因素的分析。宋士昌认为有些因素能促进社会的稳定，有些因素能阻碍、破坏社会的稳定。一般来说，社会稳定的因素是指能促进社会有序、健康发展的因素，如政治的清明、道德水平的提高等。而不稳定因素则是指造成社会生活动荡、无序的因素，如自然灾害、经济萧条等。① 张一认为，经济因素会影响社会的稳定，物价上涨会引起人们的不满，而社会的不稳定与人们的不满存在必然的联系，因此，物价因素影响社会的稳定。② 陶德麟等认为影响社会稳定的国内因素包括：经济方面的因素，政治方面的因素，思想方面的因素；影响社会稳定的国外因素有经济制裁、金融危机、军事威胁、武装侵略等。③ 李君如认为，当前我国社会存在不稳定现象有：利益差异导致的群体性事件、暴力恐怖活动、刑事案件、境内外敌对势力的渗透等，而落后的社会生产与人们日益增长的物质文化需求是社会不稳定的原因。④ 吴鹏森认为，影响我国当前社会不稳定的因素主要包括：群体事件的频发、刑事犯罪的增长、公共安全事件的发生等。⑤

关于社会稳定与思想政治教育。杨冬等认为，要解决影响社会稳定的相关因素，就要加强思想政治教育，思想政治教育能强化社会治理、能塑造人们的人格、能纠正人们认识方面的偏差，因此，加强思想政治教育是维护社会稳定的有效手段。⑥ 申来津认为，思想政治教育通过有效克服腐败、倡导经济伦理、熔铸意识形态、协调利益冲突、培育企业

① 宋士昌．马克思主义社会稳定理论与实践［M］．济南：山东人民出版社，2005：173-225.

② 张一．影响社会稳定的物价因素研究——社会稳定的视角［D］．长春：吉林大学，2012：2.

③ 陶德麟．社会稳定论［M］．济南：山东人民出版社，1999：95-113.

④ 李君如．社会主义和谐社会论［M］．北京：人民出版社，2006：268-269.

⑤ 吴鹏森．当前社会不稳定的突出表现及形成机理［J］．探索与争鸣，2014(06)：16.

⑥ 杨冬，戴艳军．社会稳定与思想政治教育［J］．思想政治教育，2000(05)：17.

文化等来维护社会的稳定。① 雷友华认为，思想政治工作与社会稳定存在着必然的联系，为了更好地实现社会的稳定，思想政治工作就应结合现实、与时俱进、转变思想政治工作思路、创新思想政治工作方式方法等。②

关于实现社会稳定的战略思考。陶治国认为，我国社会要实现长期社会稳定，一方面要建立一整套社会矛盾缓冲机制，另一方面要切实处理好经济可持续发展、人口规模、民族宗教等关系。③ 李君如认为，实现社会稳定就要建设社会主义物质文明、政治文明、精神文明，并且要加强社会建设，他认为，从宏观上说，维护社会稳定最终取决于现代化的发展。④ 李笃武认为，我国维护社会稳定的对策有：完善转型社会多元社会结构的政治协商制度、强化对转型时期公共权力的制约和监督、营造维护社会稳定的舆论环境等。⑤ 徐家庆认为，实现社会稳定就应重视法治建设、疏导矛盾、保障权利、社会共治等。⑥

1.2.3 国内外相关研究现状述评

西方各种流派有关社会稳定研究成果和方法对于我国社会稳定问题的研究具有重要的参考价值、借鉴作用，其中关于社会稳定的研究成果和理论观点反映了社会稳定的基本规律，从某种程度上讲，西方学者关于社会稳定的相关理论研究成果是西方社会政治、经济、社会生态等方

① 申来津．思想政治教育的社会稳定功能［J］．学术交流，2001（02）：134-136.

② 雷友华．社会稳定与思想政治工作创新［J］．社会主义研究，2014（03）：85-87.

③ 陶治国．改革、发展与中国的社会稳定［D］．北京：中共中央党校，1995：79-90.

④ 李君如．社会主义和谐社会论［M］．北京：人民出版社，2006：271-275.

⑤ 李笃武．政治发展与社会稳定转型时期中国社会稳定问题研究［M］．上海：学术出版社，2006：273-286.

⑥ 徐家庆．转变理念：维护社会稳定的应然选择［J］．毛泽东邓小平理论研究，2013（04）：34-37.

面的反映，在一定程度上，虽存在着某些缺陷性、局限性，但这些理论研究成果对于如何实现我国社会的稳定，对于研究文化视角下的社会稳定以及探讨社会稳定与文化的内在机理等问题仍然具有一定的借鉴与启发。虽然西方学者提出的社会稳定研究成果、理论观点主要以西方发达国家的政治、经济、文化等为背景，但这些理论成果同样适用范围于发展中国家。比如美国政治学者亨廷顿提出的经济发展不一定会造成政治稳定，有时可能相反；同样政治稳定可以促进经济的发展，但有时也相反；经济发展并不能带来社会永久的稳定；稳定是动态发展中的稳定，不是绝对的稳定等。西方学者的不少理论见解能够在我国政治、经济、社会等生活中得以印证，如改革开放以来，我国经济发展很快，但群体性事件频发，群体性事件影响着政治的稳定、社会的稳定，等等。美国社会学家科塞提出的社会冲突理论，在深入分析社会冲突产生原因之后，认为对冲突的宽容和制度化，是社会系统重要的稳定机制，认为社会冲突存在着正功能，也存在着反功能，对当前我国分析、防范、化解各种社会冲突同样具有借鉴与启示意义。

国内专家学者从不同的角度研究我国社会稳定问题，较为深入地分析、探讨了我国存在社会不稳定的因素，得出了一系列有价值实现社会稳定的原则、对策与思路，毫无疑问是正确可取的、值得借鉴的，但这些研究成果大多从社会学、政治学学科角度来探讨研究社会稳定的相关对策，很少有人从文化的视角来研究探讨社会稳定问题，笔者也没有看到有关从文化的角度去实现社会稳定的著作面世。但对社会稳定视域中加快文化产业的发展、深化文化体制的改革、创新文化管理体制、大力实施文化战略重要性和必要性已形成一定共识，有些研究成果也能从某些方面说明文化对于促进社会健康发展、实现社会稳定的重要作用，对文化的社会功能、社会价值，尤其是文化的战略规划发展、理论体系、根本要求、发展原则等方面均有较多较好的研究成果，但对于用文化的视角来研究社会稳定无论从形式内容上，还是研究体系上，都显得较为零散，尚没有达到应有的理论体系高度，研究成果更缺乏完整性、系统性，不能形成社会稳定的文化方略理论，不能指导社会稳定的实践。

1.3　研究方法

1.3.1　文献研究法

基于社会稳定的文化方略研究，从学科结构看，涉及思想政治教育学、社会学、政治学、管理学、行为学、法学、哲学、教育学、心理学等学科，从研究领域来看，涉及社会稳定、文化等领域。因此，在研究中，一方面，利用各种期刊数据库和学校图书馆的大量藏书对以上学科、研究领域的相关文献资料进行检索、搜集。另一方面，运用国家有关政策、方针、路线及马克思主义经典原著中相关论述来论证社会稳定的理论关联和重要意义。通过对相关文献资料的分析研究，了解社会稳定、文化相关的理论，找出社会稳定与文化的关联，探寻社会稳定的文化方略，从文化的视角探究实现社会稳定的对策。

1.3.2　综合研究法

社会稳定的问题研究具有复杂性、系统性，因此，就应运用较多学科的理论、成果、方法等系统、全面的对此加以研究，从整体上对这些问题进行交叉研究。本书不仅仅局限思想政治教育学、社会学、管理学、教育学等学科专业领域，在探讨社会稳定的相关问题时，要进行跨学科研究。比如，在社会稳定与文化相互关系、文化方略中要运用思想政治教育学、社会学、管理学、心理学、哲学、法学、教育学等学科内容，便于探究解决这一问题的相关对策。

1.3.3　案例研究法

案例研究法主要是针对影响社会稳定的现象，以相关典型案例为素材，通过对案例的剖析，揭示出社会不稳定现象背后的文化因素，从中得出文化与社会稳定的内在逻辑关联，探讨社会不稳定状况的文化因素，分析文化方略对于实现社会稳定的重要性与必要性。

1.3.4 比较研究法

在对中外社会稳定的文化因素进行历史考察、对社会稳定文化方略的现实依据进行系统分析以及对社会稳定文化方略应处理好的关系进行全面总结时，注重从国外到国内、从不同现实因素、从不同文化进行比较分析，揭示社会稳定和文化的内在规律，探寻社会稳定的文化因素等。

第2章　社会稳定和文化的关联性

社会稳定是一个复杂的系统，文化是促进社会发展的关键，社会稳定需要文化的支撑和推动。文化具有实现社会稳定的功能，社会稳定是文化发展的前提和基础，文化发展是社会稳定的保障和根本，社会稳定与文化发展两者相互联系、互为条件。社会稳定和文化的关联性分析，为后面社会稳定的文化方略研究提供一个理论依托。

2.1　社会稳定解析

社会稳定历来受到人类关心，社会稳定是一个系统工程，包括政治、经济、思想等的稳定，社会稳定具有相对性、系统性、动态性、时代性的特征。

2.1.1　社会稳定的内涵

"人类社会产生以来，社会稳定就一直是人类努力谋求的状态，它既是社会生活得以正常进行的必要条件，也是一个民族和国家走向兴盛的根本前提。"① 社会稳定一直受到人类的关心和重视，社会稳定不仅包括政治局势的稳定、经济形势的稳定，更包括思想情绪的稳定、社会秩序的稳定。因此，社会稳定是系统工程，无论政治、经济出现危机，

① 陶德麟．社会稳定论［M］．济南：山东人民出版社，1999：3.

还是思想、秩序出现动荡，都会危及社会稳定。并且社会稳定是相对的，而不是绝对的，社会稳定是伴随着社会发展的稳定，社会稳定是在社会生活的动态平衡中实现的。所以，笔者所认为的社会稳定并不是说社会秩序静而不止、稳而不动，而是认为社会稳定不仅是政治稳定、经济稳定、社会秩序稳定以及思想情绪稳定，而且也是人与人、人与自然、人与社会等之间关系的稳定，在人类社会发展过程中，社会稳定是一种相对动态平衡状态。

第一，社会稳定是社会可控且有序的表现。社会的可控有序状态也就是社会的稳定状态，相对应的则是社会不可控、无秩序状态，也就是社会的混乱状态，如外侵内乱、军阀混战、民族分裂、革命频发、社会暴动、社会冲突等就是社会的混乱状态。社会可控且有序指的是能够合理有效的控制人与人、人与社会、人与自然等之间出现的一些不稳定、不协调情况，能够在一定范围内有效地控制社会运行出现的超越社会规范行为，不会对社会生活产生重大的影响，从而实现社会的稳定，这种社会生活的有序且可控，是任何社会稳定的必要前提。

第二，社会稳定是需要社会调控的。从哲学角度讲，说事物稳定，并不是说事物没有运动、没有变化，说社会稳定，是说明社会的变化、发展处在可以控制的状况，社会处于正常动态的稳定状态。社会是由各种矛盾、冲突构成的，社会生活存在着多种多样的矛盾，社会生活的各种矛盾既是社会冲突的诱因，也是社会发展的动力。一些社会矛盾可能引发社会生活的失控和无序。自从人类社会产生起，社会秩序与个人自由之间就存在着矛盾。一方面，社会要求秩序的稳定，而个人则不希望拘束、渴望自由；另一方面，社会取消个人自由就会趋向僵化乃至消亡，而个人脱离社会就无法继续生存。社会与个人两者相互需要又相互冲突，在此情况下，社会稳定就需要社会调控。社会稳定状态不会凭空产生，是需要经过调控才能实现的。

第三，社会稳定是区别于社会动荡、动乱等不稳定而言的。虽然社会不稳定最为典型状况分为两种：一是人们的社会生活处于急剧的动乱之中；二是社会处于严重的变革、革命状态，此两种状态是社会不稳定的极端状况。一系列复杂的矛盾和冲突构成了整个现实社会生活，在各种冲突和矛盾影响下，社会生活必然经常处于不断的变动之中。正常变动是社会生活的常态，正常的变动不会危及社会生活的有序性，如果社会生活发生严重波动，甚至出现动乱，严重影响、危及人们的生活，那就说明该领域的社会发生着某种失序、动荡、冲突乃至动乱等不稳定状态，而社会生活的剧烈动荡和动乱肯定不是社会生活的正常状态，是处于某种程度的失控、无序、动乱等状态，威胁着整个社会的正常运行，那就是社会不稳定状况。

2.1.2　社会稳定的特征

第一，社会稳定具有相对性。从辩证角度看，社会稳定的相对性是指其稳定是暂时的、具体的，而不稳定则是永恒的、绝对的。社会总在不断发展变化，不可能存在停顿不变、静止不动的社会。社会不稳定通常表现为两种状态，其一，社会急剧的变革和革命；其二，社会严重的动乱和失控。显而易见，为了实现社会稳定，就要避免以上两种状况的发生。社会稳定的相对性是指稳定是暂时的，是有条件的。社会稳定是暂时的，是指社会稳定状态不可能永无止境的保持。在人类社会发展历史中，一个国家的分裂统一、兴盛总是相互伴随、交替出现。如我国历史上出现的国家分裂、朝代更替、兴盛与衰退、稳定与动乱等就呈现出交替的过程。社会稳定是针对其整个社会生活而言的，社会的整体稳定常常伴随着一些不稳定的情况，因为社会生活不可避免存在着各种各样的冲突、矛盾，但这些冲突、矛盾没有影响社会整体的稳定。如我国改革开放以来，各方面都发生着翻天覆地的变化，人民生活水平逐渐提高，综合国力显著提升，我国也存在着各种矛盾、冲突，但我国还是保持着政治、经济、社会等方面的稳定。

第二，社会稳定具有系统性。构成社会的因素众多，因此，社会是一个综合复杂的系统。同样，社会稳定也是一个系统工程。社会稳定不仅包括经济方面的稳定、政治方面的稳定、社会秩序方面的稳定，而且也包括人与人、人与社会、人与自然等方面的稳定。如经济方面的稳定主要包括经济发展平衡协调、经济运行平稳有序、经济政策相对稳定、经济生活舒适健康；政治方面的稳定主要包括政策路线方针稳定、政治环境稳定、政治生活规范有序、政治体制稳定和法律制度稳定；社会秩序的稳定主要包括社会秩序井然、治安状态良好、社会运行平稳、社会规范有序。思想方面的稳定主要包括道德体系、价值标准、国家指导思想、人民群众思想状况和精神面貌的稳定。可见，社会稳定是社会各系统之间以及各系统内部之间相互制约、相互作用、相互影响而共同构成规范有序、安定平衡的统一体。因此，社会稳定不仅仅指政治、经济、生态、文化等各自发展运行状态的稳定，而且指政治、经济等相互之间变化、发展保持相互制约、相互促进和协调一致的整体稳定。如果任何方面出现失衡、动荡，都会对社会稳定产生影响。

第三，社会稳定具有动态性。社会稳定是发展中的稳定，变化中的稳定。马克思指出："我们所生活的世界是动态变化的，不是永恒不变的事物的汇合体，而是各种变化过程的结合体，其中，各个看乎稳定的事物，还有它存在于人头脑中的思想和映相均处在生成、死亡的不断变化之中。"① 这句话表明，社会稳定是一个动态变化发展的过程，稳定就其本身，不存在永恒不变的稳定，稳定是在不断变化发展着的，稳定是动态变化的过程，而不会是静止不动的稳定。因此可以说，静止不动、固定不变的社会稳定状态是永远不可能存在的。当然，社会稳定具有的动态性特征，也是彼此相互协调、相互联系的一种动态，即使社会的不同对立面也是在彼此协调、彼此变化中实现着动态稳定。

第四，社会稳定具有时代性。诚然，社会是处于一定历史时期的，社会是具有历史性、时代性的社会。不同的时代，社会面临着不同的问

① 马克思恩格斯全集［M］. 北京：人民出版社，2008：337.

题。因此，社会稳定的表现方式、性质内容等也会表现出不同的特征，从而社会稳定具有时代性特征。工业社会所面临的主要问题和主要矛盾及其所处的社会稳定状况、稳定结构与农业社会所面临的主题绝不可能完全相同。同理，后工业社会的社会稳定情况也不同于工业社会，信息社会的社会稳定也不同于后工业社会。诚然，不同的时代、不同的时期，社会稳定情况肯定会各不相同。不同时代的社会稳定也必然会表现出时代性的特征。社会稳定的时代性特征，要求在实现社会稳定的过程中，采取不同对策，准确把握时代脉搏，适应社会发展趋势，与时俱进，不断促进社会的健康发展和保持其稳定状态。

2.1.3　社会稳定的构成

社会稳定是一个复杂的系统工程，社会稳定中任何系统出现不稳定情况，或多或少会影响其他系统的稳定，也会影响整个社会的稳定。只有各个系统都保持相对稳定并处于较好运行状态，才能实现整个社会系统的稳定。社会稳定是由多方面构成的，社会稳定的构成包括政治形势稳定、经济形势稳定、社会秩序稳定、思想状况稳定和国际环境稳定等，这些方面既相互制约又相互联系。如前文在社会稳定的特征中所述：经济方面的稳定主要包括经济发展平衡协调、经济运行平稳有序、经济政策相对稳定、经济生活舒适健康；政治方面的稳定主要包括政策路线方针稳定、政治环境稳定、政治生活规范有序、政治体制稳定和法律制度稳定；社会秩序的稳定主要包括法律、道德和习惯风俗等社会规范相对稳定，也包括社会秩序井然、治安状态良好、社会运行平稳、社会规范有序。思想方面的稳定主要包括道德体系、价值标准、国家指导思想、人民群众思想状况和精神面貌稳定。国际形势稳定主要包括国际上政治关系、经贸体系、信息技术、军事力量等领域的稳定。国际环境稳定对一个国家社会稳定的实现具有积极的影响和促进作用，它是一个国家实现社会稳定的外部条件。

2.2 文化解析

自近代以来，从东方到西方，从国内到国外，文化受到了人们的关注和重视，在一般人看来，文化较为空洞，而在学者看来，文化却无所不包，无所不能。

2.2.1 文化的内涵

文化是人们长期所关注和讨论的一个热点问题，“文化”是一个含义广泛、歧义众多的概念，关于文化的定义有数百种之多。如英国学者泰勒认为，“文化，就其在广泛的民族志中的广义而言，是个复合的整体，它包含知识、信仰、艺术、道德、法律、习俗和个人作为社会成员所必需的其他能力和习惯”①。美国著名文化人类学家鲁斯·本尼迪克特认为，“文化是通过某个民族的活动而表现出来的一种思维和行动方式，一种使这个民族不同于其他任何民族的方式”②。美国学者哈维兰认为：“文化是一系列规范或准则”③。我国学者梁漱溟也说，文化，就是吾人生活所依靠之一切。文化的本义，应在经济、政治，乃至一切无所不包。我国 1999 年再版的《辞海》从广义与狭义两方面界定了文化，“广义指人类在社会实践过程中所获得的物质、精神的生产能力和创造的物质、精神财富的总和。狭义指精神生产能力和精神产品，包括一切社会意识形式、自然科学、技术科学、社会意识形态”④，等等。从以上可知，学者们从不同角度对文化的概念进行了诠释。笔者认为，无论学者们认为文化是思维和行为方式、能力和习惯，还是认为文化是

① ［英］泰勒．原始文化［M］．杭州：浙江人民出版社，1998：1.

② ［法］维多克·埃尔．文化概念［M］．晓文，译，上海：上海人民出版社，1988：5.

③ 韩民青．文化论［M］．南宁：广西人民出版社，1989：5.

④ 辞海［M］．上海：上海辞书出版社，1999：1858.

规范或准则、意识形态、物质财富及精神财富等，文化在本质上应是观念和观念系统，因此，笔者认为，文化是人类在改造客观世界和主观世界所创造出的观念和观念系统。

只有人类才能有目的、有意识地制造工具去改造社会和改造自然，因此文化是人化形式，是人类社会特有的产物。文化的内涵主要表现在以下几个方面：其一，文化为人类所特有。文化不会凭空而来，也不会凭空产生。文化是随着人类在社会实践活动中创造而来的。其二，文化为社会成员所共有。钱穆认为，“盖论文化首当重二义：一者文化应当为大群众所有；二则文化必具绵历性”①。文化具有为社会成员所共有的特性，文化不能被社会成员所共享和所认同的观念就不能被称之为文化。其三，文化是由诸多因素所产生的。“文化虽然有不同的形式和类别，但它并不是毫无秩序、简单相加的总和。组成文化的各个方面相互制约、相互影响、相互联系构成文化的整体。”② 所以说，文化是由很多因素叠加而成的。文化的基本内涵既体现于人们的思维方式，也体现于人们的观念形态，既体现于人们的精神活动，也体现于人们的精神生产，既体现于人们的活动方式，也体现于人们的活动成果。

2.2.2　文化的特征

第一，文化具有民族性。任何文化都是由具有共同心理、相同语言、处于相同地域的群体所创造的，这个群体就是民族。“民族是指人们在历史上形成的一个有共同语言，共同地域，共同经济生活以及表现在共同文化上的共同心理素质的稳定的共同体”，③ 并且“各个民族之所以不同，不仅在于他们的生活条件不同，而且表现在民族文化特点上

---

① 钱穆．文化与教育［M］．南宁：广西师范大学出版社，2004：1.

② Bosa Franz. The mind of primitive man［M］. New York：the Free Press，1963：200.

③［苏］斯大林选集（上卷）［M］．北京：人民出版社，1981：64.

的精神形态不同"①。可见，不同的民族创造不同的文化。因此，文化具有民族性。文化的民族性是指任何民族都存在着区别于其他民族的文化特性，主要表现在某个民族在长期历史实践活动中形成的价值体系、道德标准、风俗习惯、生活方式、语言文字、心理特征、行为规范等方面，是特定民族全体成员所共有的精神形态特征。不管何种民族文化的形成和发展，都是这一民族的人们在一起生活、实践中所创造出来的结果，是民族得以存在的精神寄托，是维系民族的纽带和依托，是民族全体成员达成共识和共同认可的依据，是增强该民族凝聚力、向心力的重要支柱。

第二，文化具有阶段性。作为政治、经济在观念形态上反映的文化，从本质上说，它属于社会意识形态领域范畴，它代表着所属自身阶级的各种利益。阶级的统治与对立都表现为统治阶级意识形态领域的统治与对立，从而使得属于意识形态范畴的文化都或深或浅地有着阶级的烙印，所以说文化具有阶级性。马克思、恩格斯在《德意志意识形态》著作中明确提道："占统治地位的思想不过是占统治地位的物质关系在观念上的表现，不过是以思想的形式表现的占统治地位的物质关系；因而，这就是那些使某一个阶级成为统治阶级的关系在观念上的表现，因而这也就是这个阶级的统治的思想。"② 马克思、恩格斯的观点表明了文化具有阶级性。文化具有阶级性，并不说明一切文化都包含着阶级性，如精神文化所包含着的行为习惯、民俗风气、生活理念、价值观念等就不具有阶级性。文化具有阶级性，也并不说明某一阶级的民众一定要形成、发展属于本阶级观念形态上的文化。文化具有阶级性也不表示各种阶级文化中存在着的共性彼此排斥，不同阶级的民众可能有着不同的阶级意识，但他们在一起共同生活、共同实践中形成的共同经验、共同心理并不排斥。

---

① ［苏］斯大林选集（上卷）［M］. 北京：人民出版社，1981：294.
② 马克思恩格斯选集（第1卷）［M］. 北京：人民出版社，1995：98.

第三，文化具有时代性。回顾人类社会发展历程可知，人类社会在经历社会主义社会之前，已经经历过资本主义社会、封建社会、奴隶社会与原始社会，因此，人类社会已经经历过五种社会形态的更替发展，在人类社会历史上相应地形成了五种不同时代文化形态。文化的时代性首先集中地表现为各个民族、国家的文化必然受特定的社会历史条件所制约。正如每一种文化形态都必然会受其社会制约一样，其历史演变过程必然具有时代性特征。文化的发展变化决定于社会生产方式的发展变化，文化的变化就是在观念形态上反映着社会、政治、经济等的变化。所以说，社会形态的演变不仅决定着文化的演变，而且社会形态的演变也决定着文化的时代特征。恩格斯也曾提道："每一个时代的理论思维，从而我们时代的理论思维，都是一种历史的产物，在不同的时代具有完全不同的形式，同时具有完全不同的内容。"① 任何文化都是从属于一定历史时代的，都是一定时代的产物，都反映了一定时代的特征。因此，文化具有时代性的特征。

第四，文化具有创造性。文化是人类发展的载体和根基，人类只有在不断创造文化过程中才能更好得发展自己、成长自己、完善自己。没有具体的文化及其教化过程，人的发展也就成了无水之舟、无源之水，不能对当前文化创造的继承，人类也将难以延续和生存，也就无所谓文化发展。文化发展是致力于人类文化的繁荣和进步，文化发展虽然知道文化有先进与落后之分，但文化发展并不会只选择某一文化，更不会只发展某一种文化，无论处于劣势地位的文化，还是处于优势地位的文化，它都会给予重视。文化创造是文化发展得以实现的前提和途径，通过文化创造，提高人们文化生活水平，满足人们的精神、物质文化的需要，只有在文化创造的支撑下，文化发展才有保障，否则单纯的文化发展是没有可能的，文化方略作为一种特殊的文化创造，没有文化创造就没有文化方略，文化方略对文化创造本身具有加强、巩固和提升的作

① 马克思恩格斯选集（第 4 卷）[M]. 北京：人民出版社，1995：284.

用，文化方略也是实现人、社会和文化更优、更好发展的一种需要。

第五，文化具有实践性。文化发展是人的一种特殊的文化实践活动，是直接以文化本身作为对象，以管理、提升、改变、创新文化为手段和目的的实践性活动，是一种高水平的、系统的、自觉的文化实践。从本质上讲，文化方略就是一种特殊的文化实践。文化发展、文化方略与文化实践的目标一致，人类进行文化发展与文化创造，其最终目标无不是使人对文化重新占有，使文化重新为人服务，最大限度地发挥文化对人的积极效益，实现文化有序、协调、积极、向上、为人的发展，降低文化的盲目与风险，提高文化的安全，使人与文化相互生成、相互创造、相互促进。事实上，文化方略需要反复的探索、实践，它并不是抽象的，是内化于文化主体的观念之中。文化方略更没用固定的模式，针对不同的文化问题、不同的文化以及不同的文化情况，应具体问题具体分析，具体问题具体实践。正是文化方略、文化发展具有实践性，所以文化发展更加符合客观发展规律，更加符合人的目的。文化发展，从文化发展的过程到文化发展的结果，都是一个实践的过程，都具有实践性。文化发展的实践，是积极主动的实践，是对文化本身不断调整、发展和完善的实践，也是对文化实践的再实践。

2.2.3 文化的分类

根据不同的角度可以对文化进行不同的分类：

第一，依据文化的基本结构，可以将文化分为：物质文化、制度文化和精神文化。

将文化划分为物质文化、制度文化、精神文化，是一种常见的文化划分。物质文化主要是人与自然的关系体现，它是人类在改造自然界、征服自然界以及处理与自然界关系的过程中所创造出来的文化。制度文化主要是人与人关系的体现，它主要满足人的社会交往需要，是人们在处理人与人关系的过程中创造出来的文化，制度文化以精神文化为指导，以物质文化为基础，处于物质文化与精神文化之间。精神文化主要体现着人与自身的关系，是人们在处理人与自身关系的过程中创造出来的文化，精神文化不仅反映着物质文化、制度文化，而且渗透于物质文化、制度文化，精神文化是一切社会文化的灵魂，对制度文化和物质文化有推动或限制作用。

第二，根据文化影响的不同人群和不同范围，可以将文化分为：大众文化、精英文化和主流文化。

大众文化是影响和支配社会大众日常生活的文化，它直接受到社会现实和文化传统的影响，它具有很强的自发性，它更多地反映着人们的实际生活状态，满足着社会大众的文化需要。精英文化也就是知识分子文化，精英文化是人类理性的集中体现，它一般具有较强的超越性，是人类自觉创造的结果。主流文化是指由官方所倡导和支持的文化，大文化系统中，主流文化是居于支配地位和统治地位的文化。

第三，根据人类分别以自然领域、社会领域为指向创造出的两种不同知识、方法和观念体系，可以将文化分为科学文化和人文文化。

科学文化是指以自然领域为指向，依靠理性求实的科学思想、规范合理的科学方法、严谨求真的科学知识而形成的文化体系，其目的在于了解自然、认识自然、探索自然的内在客观规律，其整个过程要求排除主观意志、情感等非理性因素及虚幻等，要求求实、严谨、规范。人文文化是指以人文社会领域为指向，依靠道德宗教、文学艺术、哲学、历史等学科知识而形成的文化体系。人文文化活动主要在对人类生存与发展的人文关怀，主要凸显人的主体性；其主要内容在于体现人的价值追求、意志信念、精神境界、道德情操的价值观念体系及人文学科知识体系。从文化的整体功能和本质来看，两种文化是根本一致的。正如马克思早就指出的，“自然科学往往将包括关于人的科学，正像人的科学包括自然科学一样”①，在一定程度上，科学文化、人文文化相互融合、

① 马克思恩格斯全集［M］. 北京：人民出版社，2008：128.

彼此促进。

第四，根据文化所处的社会作用及相互之间的关系，可以将文化分为主文化、亚文化和反文化。

由于各种不同自然和社会的因素造成了不同群体、不同地区文化的特殊性，也由于宗教、民族、阶层、环境以及阶级的不同，形成了各种各样、各具特色的地区或群体文化。主文化就是在一个社会中主导整个社会运行的，为统治者所提倡的，起着支配地位的文化。亚文化是在一个社会中属于某个集体或某一区域所特有的观念和生活方式，并且是与主文化相对应的、局部的、非主流的文化现象。如果一种亚文化所代表的行为方式和价值观与主文化存在着对立面，就称之为反文化，反文化通常会对社会凝聚力起到消解作用，会对主文化的终极价值构成破坏性影响。复杂的社会文化系统是由主文化、亚文化和反文化所共同构成的。

第五，根据是由自己国家创造的文化还是由外国创造的文化不同，可以将文化分为本国文化、外国文化。

本国文化是由本国全体民众创造出来的文化，它是这个国家全体民众在生产生活中创造出来的成果，它凝聚着这个国家对生活世界的现实感受和历史认知，表征着这个国家的精神面貌和发展履历，体现着这个国家的价值标准、价值追求，每个国家的文化各不相同，每个国家都有属于自己国家独特的文化。由本国所创造的文化就是本国文化；而由外国所创造的文化就是外国文化。

总之，根据不同的划分标准，文化有不同的分类，如依据创造文化的历史时期，可将文化分为传统文化和现代文化。根据文化所包含的内容不同，可将文化分为法律文化、宗教文化、行政文化等。根据文化属于的组织机构不同，可以将文化分为政府文化、组织文化、校园文化、企业文化等。

2.3　文化的社会稳定功能

文化的社会稳定功能为社会稳定创造着良好的社会环境，实现社会稳定，就应把握文化的社会稳定功能，注重文化的社会稳定价值。

2.3.1　思想整合功能

每个人的精神世界都需要一定的精神支柱，而形成社会成员共有的精神家园，则需要发挥文化的凝聚力量和支撑作用。要实现社会的稳定，整合社会大众的思想不可缺少。社会民众的思想只有经过整合，社会大众才能具有共同的思想基础，才能为社会稳定创造良好的精神环境；社会大众的思想只有经过整合，社会才能经受各种各样的考验，经受各种各样的冲击，社会也才能得以保持稳定。文化的思想整合功能，就是文化能以一套系统、合理的精神力量、道德理想和价值观念来整合人们的思想观念，统一人们的思想认同，调节人们的思想状态，形成民众广泛的思想共识。文化具有无形的力量，它对社会大众思想、行为的影响无处不在、无时不在。思想整合功能就是文化可以把社会民众的思想凝聚到社会稳定的认识上，为实现国家强盛、民族振兴、人民团结、社会稳定而共同努力。如果没有共同前进的灵魂与目标，没有统一的指导思想，就不能增强人们思想的凝聚力和向心力，就不可能整合社会上出现的各种思潮、思想，思想整合功能可以凝聚社会民众的精神世界，给社会民众以实现社会稳定的力量和目标。整合社会大众的思想，让社会大众拥有共同的思想基础，主要是依靠文化的整合功能来实现的。思想整合功能不仅可以凝聚人们的智慧，而且可以凝聚人们的思想和观念。在维护社会稳定的过程中，需要通过文化的思想整合功能为社会成员创造共同的思想基础，协调社会成员之间的利益关系，消解社会的思想冲突、观念对抗、认识差别等，倡导人们树立正确的理想信念，进而利于社会稳定的实现。

2.3.2 价值引导功能

价值观是人们对客观事物的基本判断、态度和认识，它制约着社会成员的行为取向，决定着社会成员的生活方式和行为标准，影响着社会的稳定。康德的《实践理性批判》一书中有这样一句名言："有两样东西，我们愈经常愈持久地加以思索，它们就愈使心灵充满无限的景仰与敬畏：在我头上的星空和在我心中的道德律。"① 美好的道德引导人类不断完善自身、不断走向文明。文化的价值引导功能，就是文化能引导社会大众形成各种正确的价值观念，对社会大众的道德、价值、信仰、行为等具有调节和引导的功能。特别是文化中的习俗文化、制度文化等从不同角度为社会大众提供各种准则，引导社会大众的行为方式。社会民众在社会活动中，都渴望自己的各种需求得以满足，自己的个性得以充分发展，但由于各种主客观条件的限制，人们的某些需求可能暂时不能得以满足，人们的某些个性可能暂时不能得以发展，人们就有可能产生失望、困惑、封闭等不良情绪。美国学者塞缪尔·亨廷顿曾指出："关于文化在人世间的地位，最明智的说法，对一个社会的成功起决定的，是文化，而不是政治。"② 而通过文化的价值引导功能，可以引导人们确立价值观、人生观、世界观、生活观、发展观等，这些正确的价值观引导社会大众对社会的认可，对自身各种需求和个性发展的理性认识，对各类法律、法规和各项规章制度、道德秩序的遵守，发挥其巨大的价值导向和价值辐射功能，将引领社会思潮，最大限度地包容多样、化解困惑、尊重差异，实现社会稳定。

2.3.3 规范协调功能

自然环境、社会环境是人类赖以生存的基础，避免环境污染、治理

① ［德］康德．实践理性批判［M］．关文运，译，北京：商务印书馆，1960：177.

② ［美］塞缪尔·亨廷顿，［美］劳伦斯·哈里森．文化的重要作用——价值观如何影响人类进步［M］．程克雄，译，北京：新华出版社，2002：34.

污染环境是创建良好生态环境的重要内容，也是维护社会稳定的重要保障。文化的规范协调功能，就是文化能通过自身特有的形式、运用自身特有的手段去规范人的行为、改造人的思想，去协调人与自然、人与人、人与社会的关系。文化的规范协调功能在于通过文化自身所特有的方式，以改善社会成员的行为和提高社会成员的思想认识为目标，给社会成员认识和改造自然提供正确的理论指导，协调着社会生活的秩序，保障着生态环境不受破坏，给社会成员创造和谐的人与自然、人与人、人与社会关系提供强有力的精神支持。文化的规范协调功能总是以潜移默化的方式对社会成员加以约束和规范，对人与自然、人与人、人与社会之间的矛盾加以协调，让社会民众保护环境的行为内化于心、外化于行，从而更好地保护自然环境、维护生态平衡，实现社会稳定。

2.3.4 素质培育功能

社会大众综合素质的提升必然有利于经济形势的稳定，也必然可为社会稳定创造良好的经济环境。一般来说，综合素质包括政治素质、道德素质、科技素质、心理素质和身体素质。综合素质提升就是政治素质、道德素质、科技素质、心理素质和身体素质的全面提升和全面发展。文化总为社会大众提供各种各样的知识，并且文化总以特有的方式浸润着社会大众的身心、渗透着社会大众的思想。文化有利于帮助社会大众确立正确的政治方向、政治立场、政治观点，也有助于提高人们的科技水平和道德素质，更有助于人们的心理素质和身体素质的全面协调发展。文化的素质培育功能，就是文化能帮助社会大众确立正确的政治观念，提高社会大众的心理素质和身体素质，培养社会大众的科学素养和智力水平，全面提升社会大众的综合素质。文化总是以其特有的方式促进社会成员知识能力的提高，塑造社会成员的健全人格和良好意志，全面提升社会成员的综合素质。从某种意义上说，经济发展程度、社会稳定程度取决于社会民众综合素质程度。在实现社会稳定的过程中，通过文化的素质培育功能为社会培养更多的综合型高素质人才，增强社会大众的效率意识、服务意识、竞争意识，充分调动社会大众投身经济建设的积极性、主动性和创造性，促进经济健康可持续发展，为经济发展注入强大的精神动力，从而为社会稳定提供良好的经济环境。

2.3.5 舆情疏导功能

随着我国改革开放的深入发展，我国社会正处于转型期，社会结构、社会生活等都发生着深刻变化，社会利益格局发生着深刻调整，人们的思想观念也在发生着深刻变化，各种社会矛盾时有发生。社会大众对贪污腐败、利益调整、公权滥用、贫富悬殊等现象深恶痛绝。谣言正是利用这种社会现象和社会心理，捏造、扭曲、夸大相关事件，误导社会大众。文化的舆情疏导功能，就是文化作为一种相对稳定的价值取向和思想内核，可以帮助社会大众用正确的态度去看待社会发展和社会改革，增强社会大众分辨是非的能力和控制情绪的能力，社会存在着的各种舆情得到合理引导，社会大众的情绪得到及时疏导。文化几乎存在于社会生活的各个方面、各个领域，它不仅影响着人们的思想、情绪、观念和行为，而且可以制止谣言产生、控制谣言的传播。俗话说：谣言止于智者。同样的，谣言也止于责任。社会大众成为智者、负有责任，那么谣言就失去了发生的理由，谣言也就没有了传播的市场。通过文化的舆情疏导功能，可以让社会民众成为真正的智者和成为具有高度社会责任感的民众。文化的舆情疏导功能，也就是释疑解惑、凝聚人心、化解矛盾、平衡心理、理顺情绪、疏导舆情的功能，保持社会协调稳定发展，形成民众和谐相处的社会，以及为社会稳定创造良好的舆论环境是舆情疏导功能的价值所在。

2.3.6 矛盾调节功能

社会稳定是政治稳定、思想稳定、经济稳定的社会，虽然在一定范围内、在一定程度上，任何社会都存在着冲突、矛盾，但社会稳定是利益相对均衡、民众相对安宁团结的社会。社会稳定依靠人民，为了人民，因社会稳定而实现的社会成果、社会财富属于全体社会民众。伴随着我国改革开放的不断深入，各种利益格局发生着深刻的变化，我国各种社会问题日益增多，各种社会矛盾日益突出。解决社会问题、化解社会矛盾，可以借助文化的力量。文化可以对各种冲突、矛盾加以调节，只有被社会大众接受和认可的文化，才能更好地服务社会成员、服务社会。矛盾调节功能，就是通过文化内化于人的特定价值系统、行为规范、道德伦理等，调节着人们在社会生活中存在的各种冲突、矛盾。不管自觉或是不自觉，文化是作为主体的人们创造出的精神产品，而人们创造文化的目的，就是为了更好地处理好人与社会、人与自然、人与人之间的矛盾。矛盾调节功能的实现是通过文化作用于人的行为来加以完成。文化面对具体的个人、群体和社会阶层，可以发挥其矛盾调节的功能，协调各种关系，化解社会矛盾，维护社会公平正义等；并且还可以通过文化引导人们摆正长远利益与眼前利益的关系，营造正确舆论氛围，用正确的义利观武装人们的头脑，帮助人们正确认识和对待利益；也可以培育和激发着人们内在的力量，从而不断实现人的自我超越，极大地提高人们处理冲突、矛盾的能力，形成符合社会稳定的环境。

2.3.7　精神激发功能

在我国，没有稳定，就没有发展，没有稳定，已经取得的成果也会丧失。破坏社会稳定，受伤害最深的将是社会大众。文化可以营造良好的社会稳定氛围，文化可以外化民众有利于社会稳定的行为，内化民众有利于社会稳定的素质。文化通过倡导和践行团结互助、平等友爱、谦让合作等理念，大力培育“人心思稳”的精神面貌，形成社会稳定所需要的氛围。“文化是作为社会的精神基础、社会各种形态的源泉而出现的，或者与此相反。”① 文化精神激发功能，就是文化能激发人们的

① ［俄］盖纳吉·弗拉基米维奇·德位奇．世界文化百题［M］．北京：敦煌文艺出版社，2001：45.

积极性、主动性和创造力，能够陶冶人们的情操、净化人们的心灵、促进人们的全面发展，能够产生强大的精神力量，去推动社会的发展，从而利于社会稳定的实现。文化往往都是潜移默化的，文化针对特定的社会群体和阶层。列宁就曾指出："关于观念的东西转化为实在的东西，这个思想是深刻的，对于历史很重要。"① 因此，文化并不直接去激发社会成员做什么或者不做什么，文化总能激发社会成员思想的灵感、丰富想象力、追求美好生活的智慧力量，这些力量一旦被激活，个体的力量汇聚成全社会的力量，就会焕发出无穷无尽的力量，社会就是在这样的力量推动下实现稳定并不断发展的。文化的精神激发功能，形成一种先进的思想和信仰，不仅会对这个民族产生强大的精神支撑作用，而且会产生强大的动力作用，鼓舞该民族为实现信仰所确立的远大目标而努力奋斗。

2.4 社会稳定和文化的关系分析

从古至今，任何一个社会的历史，都是一部文化的历史。没有社会的稳定，就没有文化的发展，文化发展是社会稳定的灵魂和动力。

2.4.1 社会稳定是文化发展的基础

社会稳定是文化发展的前提条件，文化能否发展，主要取决于社会是否稳定。邓小平同志指出："中国的主要目标是发展，是摆脱落后，使国家的力量增强起来，人民的生活逐步得到改善。要做这样的事，必须有安定的政治环境。没有安定的政治环境，什么事情都干不成。"② 习近平也明确指出："安全和社会稳定是改革发展的前提。只有国家安

① 列宁全集（第5卷）[M]. 北京：人民出版社，1990：97.
② 邓小平. 邓小平文选（第3卷）[M]. 北京：人民出版社，1993：244.

全和社会稳定，改革发展才能不断推进。”① 没有社会的稳定，社会经济发展就会陷于停滞，文化发展就会成为纸上谈兵。

改革是社会主义制度的自我调整、自我完善和自我发展。文化发展是在社会稳定的前提下，有步骤有组织地消除生产关系和上层建筑中不适合生产力发展的环节和因素。在这一过程中，社会稳定的突出作用表现为它能够保证文化发展的方向性和有序性。文化发展是一个具有高度探索性的系统工程，如果没有社会稳定作保证，就不可能保证文化发展的原则、措施等的连续性与正确性，发展方向和进程就会偏离正确的轨道而误入歧途。在社会动荡不定的情况下，正常的文化发展就会中断。邓小平同志指出：“中国不能乱哄哄的，只有在安定团结的局面下搞建设才有出路……一切导致中国混乱甚至动乱的因素都要排除。”② 如果没有正常的社会秩序，遇到这样那样的干扰，社会处于动荡、不稳定的状态，文化发展就没有可能。只有维护社会稳定，才能为文化发展的顺利进行创造条件。况且，一个社会系统的外部环境和内部子系统的状况随时都在发生着使社会系统偏离正常发展状态的各种变化，这些变化普遍存在，就意味着文化发展经常面临着各种各样的冲击和挑战。只有保持社会稳定，才能有针对性地抑制那些不利于文化发展的情况，才能对各种破坏、干扰文化发展的行为加以避免和排除，进而促进文化的发展，实现社会稳定。

2.4.2　文化发展是社会稳定的根本

社会稳定是人们正常生活得以维系的必要条件，也是一个社会得以进步和发展的重要基础，更是一个民族和国家实现富强的根本前提。而一定的文化是一定社会发展进步的灵魂和动力，社会稳定需要文化的支撑和推动。如今中国，优秀文化是全体国人团结进步的重要精神支撑，

---

① 国务院新闻办公室会同中央文献研究，中国外文局．习近平谈治国理政［M］．北京：外文出版社，2014：84.

② 邓小平．邓小平文选（第 3 卷）［M］．北京：人民出版社，1993：212.

是发展我国特色社会主义事业的巨大精神动力，是促进社会稳定的重要基础。“文化是民族的血脉，是人民的精神家园。”① 社会要稳定，文化是灵魂。

文化在本质上是观念和观念系统。作为观念和观念系统的文化，是社会成员在社会实践活动中改造社会、认识自然和完善社会成员自身的过程和成果。文化无时不在，文化也无处不在，并且文化对社会的影响也无时不在、无处不在，文化通过社会心理、社会意识等多个层面，以多种多样的形式影响社会的各个领域，影响着整个社会生活。作为观念和观念系统的文化，最主要的影响就是使社会主体能把握社会历史发展的趋势，认识社会历史发展的客观规律，并在此基础上进行理性正确的价值选择，形成科学合理的价值目标，有力维护社会的正常运行，实现社会稳定。

古今中外，任何一个国家、一个民族的历史，必然是一部文化的历史。人类在社会生活和改造世界的过程中，其行为一定会受到思想和理论的指导，有什么样的思想就有什么样的行为，没有一定的理论就没有一定的行为，而一定的理论又必然依赖于一定的文化。一定的政治、经济和文化构成了一定的社会，只有政治、经济、文化三者协调发展、相互促进和有机统一，社会才会得以持久地稳定。无论是精神方面的现象，还是物质方面的现象，都可以通过它所包含的文化因素得到解释。无论是政治领域的矛盾，还是经济领域的矛盾，都可以通过文化去协调这些矛盾。相应的，无论是发展经济还是改善民生，无论是依法治国还是以德治国，都离不开相应文化的支撑，如果没有相应文化的依托，发展经济、改善民生、法制建设等就没有坚实的基础，那么实现社会稳定也就无从谈起。

当今世界，政治、经济与文化相互渗透、相互影响、相互交融，文化的作用和地位越来越重要。2010 年 7 月 23 日，时任国家主席胡锦涛在主持中央政治局集体学习时强调：“文化是民族凝聚力和创造力的重

① 中共中央关于深化文化体制改革推动社会主义文化大发展大繁荣若干重大问题的决定［N］. 人民日报，2011-10-26（01）.

要源泉，是综合国力竞争的重要因素，是经济社会发展的重要支撑。”① 文化的力量，越来越成为社会经济发展的战略资源，越来越成为民族和国家创造力和凝聚力的重要因素，越来越成为影响社会稳定的重要基础。“文化是一个国家、一个民族的灵魂。文化兴国运兴，文化强民族强。”② 社会的稳定和发展，国家的独立和振兴，人民的幸福和尊严，都离不开强大文化的支撑。文化可以影响社会大众的价值观念、道德水平、政治素养等，可以净化人们的心灵，营造人心思稳的社会氛围；文化可以规范民众的行为，避免、减少社会冲突，进而实现社会稳定。因此，文化不仅是社会稳定的内在要求，也是实现社会稳定的基本保证。

2.4.3　文化发展与社会稳定两者互为条件

文化对应于经济和政治，是经济和政治的反映，同时文化又反作用于经济和政治。文化是人们改造主观世界与客观世界的能力和成果，也是人类创造物质财富和精神财富的总和。文化能影响和规范人们的生活方式和行为标准，关键在于文化所包含的道德观念和价值标准为人们所接受和认同。如果文化被人们所接受，它将会对人们的行为、观念、价值等产生深刻的影响。文化是有关规范、信仰、知识、价值和与之相适应的社会评价、价值观念、行为方式的总和。文化博大精深，文化发展与每一个人的生活息息相关，它涉及人生观、世界观、价值观以及与其相适应的权力观、利益观等。如果文化得以顺利发展，渗入人们的工作、生活，渗透人们的日常生活、内心世界，将会潜移默化地影响民众，影响着社会的稳定。

---

① 胡锦涛在中共中央政治局第二十二次集体学习时强调　顺应时代要求深化文化体制改革　推动社会主义文化大发展大繁荣［N］. 人民日报，2010-7-24(01).

② 习近平 . 决胜全面建成小康社会　夺取新时代中国特色社会主义伟大胜利——在中国共产党第十九次全国代表大会上的报告［M］. 北京：人民出版社，2017：41.

一个社会、一个国家的文化发展状况和水平，往往决定着这个社会、这个国家的状况和水准，也决定着这个社会、这个国家的稳定程度。文化发展虽然属于精神文明范畴，但与政治文明、民主法制、经济建设、社会公正等存在着必然的联系。文化发展与社会稳定两者相互联系、同生共长。文化发展是社会稳定的基础，只有依靠文化才能实现社会稳定；社会稳定是文化发展的保障，只有社会稳定，文化才能得以更好发展。文化得以发展，是实现社会稳定的必然要求。努力实现社会稳定，是文化发展的需要。因此，文化发展与社会稳定两者互为前提和条件。

第3章　中外社会稳定的文化分析

我国封建社会、中国共产党领导下的社会、古希腊社会等都较好地实现了社会的稳定。用文化的视角审视中外社会的稳定现象，不仅对促进我国社会稳定有着重要的价值，而且对增强社会稳定文化方略的研究具有重要的历史感、厚重感。

3.1　我国社会稳定的文化因素历史考察

在我国，有社会稳定的时期，也有过社会不稳定的时期，在一定程度上，封建社会、中国共产党领导下的我国社会都是社会稳定的时期，封建社会我国社会稳定、中国共产党领导下的我国社会稳定一定有其文化的因素。

3.1.1　封建社会我国社会稳定的文化分析

3.1.1.1　我国封建社会稳定概述

“中国社会历史的发展，如果按郭沫若同志的主张，从公元前475年开始进入封建社会算起，到公元1840年开始转变为半殖民地半封建社会为止，封建制社会共经历了二千三百年。”① 显然，我国数千年的

① 侯绍庄．从中国封建社会的特点看其长期延续的原因［J］．贵州大学学报（哲学社会科学版），1984（2）：87.

封建社会比欧洲的封建社会要漫长得多。我国封建社会只有改朝换代而没有改变社会形态，社会秩序得以长期稳定，政权性质得以长期继承，社会性质得以长期维持，社会形态得以长期保持，这就是我国封建社会的稳定现象。我国封建社会的稳定并不是说我国封建社会没有发生短期的、局部层面的不稳定，而是说我国数千年封建社会的社会形态没有发生根本改变，我国封建社会的稳定是基于我国封建社会整体社会形态分析而得出的现象。

我国封建社会发展的历史轨迹表明：我国封建社会统治的时间有1000多年，动乱和分裂的时间有600多年，统治的时间占封建社会的70%左右，分裂的时间占封建社会的30%左右，① 动乱和分裂的时期就是社会不稳定的时期；加之历代农民起义就是矛盾激化、社会动荡、社会不稳定的具体体现，况且我国封建社会十多个朝代更替，其朝代更替本身就足以说明我国封建社会存在着不稳定现象，这些都是社会不稳定的表现。封建社会存在着社会不稳定现象是客观存在的，但这种社会不稳定现象并没有导致社会性质的改变，也没有改变封建社会的社会形态。更何况我国封建社会经历朝代之多，持续时间之长，从世界范围来看，创造了社会稳定的奇迹。所以，我国封建社会总体上的确是一种稳定的社会。

马克思说："人们创造自己的历史，但是他们不是随心所欲地创造，并不是在他们自己选定的历史条件下创造，而是在自己直接碰到的既定的、从过去继承下来的条件下创造。"② 因此，我国封建社会每个朝代的建立都是对封建社会制度的巩固和完善，每个封建社会的统治者也都是不断地总结过去社会稳定方面的历史经验，因此，从某种程度上讲，封建社会发展过程中经历过越来越稳定的阶段，从文化的视角分析我国封建社会的稳定现象很有必要。

① 周小毛．和谐稳定论［M］．长沙：湖南人民出版社，2010：36.
② 马克思恩格斯全集（第11卷）［M］．北京：人民出版社，1995：131-132.

3.1.1.2　儒家文化实现社会稳定的文化因素

第一，儒家文化含有崇仁尚礼的思想。

儒家文化的核心是“仁”，即爱护、尊重、关心他人。“樊迟问仁。子曰：‘爱人’。”（《论语·樊迟》）儒家文化主张不仅要建立相互友善的友情，也要建立彼此关爱的亲情；不仅要关爱自己的亲人，而且要关爱别人的亲人，做到“老吾老以及人之老，幼吾幼以及人之幼”（《孟子·梁惠王上》）。孔子曰：“己欲立而立人，己欲达而达人，能近取譬，可谓仁之方也已。”（《论语·雍也》）这就是要把自己和别人等同的去面对和对待。儒家文化提倡的“仁者爱人”就是爱别人如同爱自己，“以爱己之心爱人，则尽仁”（《正蒙·中正》）。孟子提出的“四心说”（恻隐之心、羞恶之心、辞让之心、是非之心），荀子的“人之性恶，其善者伪也”（《荀子·性恶篇》），都是从正反两个方面说明只有向善，只有用仁爱之心对人待事，才能为人民和社会服务，也才能成为真正的君子。孔子也认为：“君子谋道不谋食，君子忧道不忧食”（《论语·卫灵公》）。儒家文化也强调统治者要实行“仁政”，做到仁者爱人，就可以收到“爱人者，人恒爱之；敬人者，人恒敬之”（《孟子·离娄下》）的回报。得道者多助，失道者寡助，统治者只有对自己的百姓具备“仁心”，开展“仁政”，才能获得广大民众的支持与赞美；社会民众只有成为仁者，才能得到其他民众的帮助与肯定。整个社会变成仁者爱人的社会，变成崇仁的社会，这样就有利于社会的稳定。儒家文化同样重视“尚礼”，“非礼勿视，非礼勿听，非礼勿言，非礼勿动”（《论语·颜渊》）。“尚礼”作为一种社会伦理，大的方面可以引导国家的政治行为，小的方面可以规范约束个人的行为方式，“尚礼”不仅具备净化社会风气、增强人文素养、提升文明程度的功能，还具备实现社会稳定的作用。崇仁尚礼是儒家文化的根基，也是封建社会得以发展的内在源泉。儒家提倡人们各守其职、各安其分，要求人们自我完善、修身养性。儒家文化认为崇仁尚礼思想是实现社会稳定的保障，崇仁尚礼既强调礼制的强制规范作用，又强调道德的自我约束作用，既关心人们的精神生活，又关心人们的物质生活。儒家崇仁尚礼的思想就是强调社会不同阶级之间的关系都能融洽与稳定。

第二，儒家文化含有贵和持中的观念。

贵和持中是我国源远流长的传统文化源泉，儒家文化含有“贵和持中”的价值观念。贵和谐、持中道，作为儒家文化的基本精神之一，在封建社会的传承与发展中发挥了重要的作用。我国封建社会的“贵和”与“尚中”两者紧密相连。《礼记·中庸》说：“中也者，天下之大本也；和也者，天下之达道也。致中和，天地位焉，万物育焉。”其意思是说，达到致中和状态，人类社会和宇宙万物便各得其所、和谐共处。孔子认为持中就在于物质与身心、外在与内在、别人与自己之间确立一种不偏不倚的平衡关系。儒家认为要实现和谐与稳定，就关键就在于持中。“持中”就是既不要不及，也不要过度，不偏不倚；“持中”更是指对待事物的态度，既不“狷”，也不“狂”。孔子用持中的方法作为实现社会和谐稳定的手段，孔子认为，无过无不及，便是稳定的保证，便是实现稳定和谐的途径。儒家文化十分重视贵和，重视人与人、人与社会、人与自然等关系的和谐稳定。孔子主张“礼之用，和为贵”（《论语·学而》）及“君子和而不同，小人同而不和”（《论语·子路》）。他把对“同”与“和”的不同取舍作为区分“小人”和“君子”的标准，表现出贵和的价值观念。《礼记·中庸》将孔子所主张的持中原则提到“天下之大本”“天下之达道”的认识论和政治论的高度，如“君子极高明而道中庸”“君子中庸，小人反中庸”（《礼记·中庸》），强调通过对中庸原则的体认和践履，去实现人与人之间、人与社会之间、人与自然之间的和谐稳定。

第三，儒家文化含有整体主义的价值。

儒家文化提倡的理想社会即大同社会：“大道之行也，天下为公。选贤与能，讲信修睦。故人不独亲其亲，不独子其子。使老有所终，壮有所用……故外户而不闭，是谓大同。”（《礼记·礼运》）重视大同，也就是重视整体。儒家文化中处处时时用一种整体的思维模式希望社会充满公平正义，各种利益关系均衡、协调，不同因素相依共生、异质相济，各项事物全面发展；希望民众扶危济困，路不拾遗、夜不闭户，社会风气良好，没有暴力和恐怖；希望统治者以民为本、与民同乐……如果儒家文化所倡导的整体思维模式得以实现，那么社会就会像费孝通先生所描述的“各美其美，美人之美，美美与共，天下大同”。① 正如有的学者提出：“孔子所渴望的、所追求的理想社会，应当是一种和衷、和谐的状态，和合、和平的环境，和顺、和洽的气氛。”② 儒家文化时时处处用整体的思维模式来要求人们，如“贤贤易色”及“慎终追远，民德归厚矣”（《论语·学而》），都要求人们重视整体利益大于个人利益，要用有利于社会稳定发展的立场思考问题。儒家始终认为，真正的君子应该具有“疾没世而名不称焉”（《论语·卫灵公》）的忧思与感伤，应该将自己的才智与仁德贡献给社会、施教于他人，这一整体主义的价值观有利于社会稳定。

第四，儒家文化含有以人为本的理念。

对人的关怀是儒家与其他学派相区别的一个最显著特征，强调人是万物之灵。孔子在《孝经·圣治》中讲到“天地之性人为贵”，将人与天地相提并论，足以说明他非常重视人的价值。接着孟子抓住孔子思想的核心，提出：“仁之实，事亲是也”（《孟子·离娄上》），他也提出“民为贵，社稷次之，君为轻”（《孟子·尽心下》）的著名论断。荀子也指出“水火有气而无生，草木有生而无知，禽兽有知而无义，人有气有生有知，亦且有义，故最为天下贵也。”（《荀子·王制》）在他看来，人具有道德价值、具有知识价值，所以贵于万物，这些都突出体现了儒家文化以人为本的核心理念。儒家文化以人为本的理念还体现在对生命的尊重上，“身体发肤，受之父母，不敢毁伤，孝之始也”（《孝

---

① 费孝通．费孝通文集（第 14 卷）［M］．北京：群言出版社，1999：196．

② 马荣安，王刚．论孔子“和为贵”的思想［J］．文史杂志，2005（6）：27．

经·开宗明义章》)，可见儒家对生命的尊重程度。再者，对丧礼的重视也从侧面反映了儒家文化含有以人为本的理念，“丧礼者，以生者饰死者也，大象其生以送其死也。故事死如生，事亡如存，终始一也”(《荀子·礼论》)，将逝者当做生人一样供奉，在儒家眼中，“生，人之始也，死，人之终也。终始俱善，人道毕矣”(《荀子·礼论》)一样重要，对死与生的这种谨慎处理态度可以进一步说明儒家文化以人为本的理念。

3.1.1.3 科举制度实现社会稳定的文化因素

第一，科举制度含有一定崇文重才的思想，在一定程度上提升了封建社会管理者的文化素养。

“从隋唐到宋元明清，科举制度在中国实行了一千三百多年之久。”① 作为官员选拔录用办法，从隋以前的荐举到隋以后的科举考试，无疑是一项具有进步意义的改革。但是，科举制度既然是一项封建的政治制度，就不可能没有弊病。历代封建统治者从封建统治的长治久安出发，总希望发掘和任用那些德才兼备者。九品官人法被科举考试所代替的本身已能说明这个问题。科举制度的突出特点就是层层考试，以期优中选优。科举制度通过一定的考试内容和方法来取士的直接结果不仅是选拔了大量的进士、举人。可以说，众多的大军、举人，是中央各部大臣和地方高级文官的中坚，是我国唐宋元明清历史上官员队伍中文化素养最高的特殊群体，传统文化的承传与弘扬，思想观念的演变与传播，也都与他们的活动密不可分。科举制度所包含的一定崇文重才的思想更是客观上迫使人们学习各种文化知识，形成了“五尺童子耻不言文墨”(《全唐文》)的风气。“中国居然有那么长时间以文化素养来决定官吏，今天想来都不无温暖。”②

① 王宜鹏，夏如波．科举制度的历史功用和现代意义［J］．井冈山师范学院学报（哲学社会科学），2001（4）：69.

② 余秋雨．余秋雨文集［M］．青海：青海人民出版社，1999：514.

第二，科举制度含有一定公平公正的原则，包含了一定的公正文化。

我国古代对公平公正曾有过不懈的追求，科举制度是我国历史上独有的具有开创性和平等性的官吏人才选拔制度。我国科举制度含有一定公平、公正的原则体现在考试机会的公平公正、考试程序的公平公正、阅卷方式的公平公正。其一，参考机会的公平开放。科考没有身份、阶层的限制，也没有严格的职业限制。其二，考试程序的公平公正。科考安排了专门的考试场所——贡院，贡院内设置龙门、明远楼、号舍以防止舞弊，严密的科考制度对防范作弊起到了至关重要的作用。其三，阅卷方式的公平公正。为保证评阅试卷的公平，阅卷采取严密措施以防范作弊行为，如采用糊名法、誊录法、双重定等第法等阅卷方法有效地保证了考试的公平性。科举考试体现了一定公开、公平、公正原则，公平公正不仅有利于经济和文化发展、物质文明和精神文明的繁荣，更有利于社会的稳定。

第三，科举制度含有一定儒家学说的内容，在一定程度上弘扬了传统文化。

各封建王朝为了维护自己的统治，统治者必然在意识形态领域加强对民众的统治。由于历代封建统治者都看到儒家学说对稳定社会的作用，因此，在科举考试中，作为儒家经典的《四书》《五经》几乎成了唯一的“教材”，在封建社会的每个朝代、每个时期，科举考试一直都是以儒家经典《四书》《五经》为内容，儒家学说一直是封建专制的武器，也是封建时代教育的目的，取仕的标准。科举考试一直以儒家经典为核心内容，不仅不断强化封建体制，而且不断传承传统文化。科举教育以其儒家经典内容为核心，儒家文化是我国封建社会价值观念思想、道德观念等的核心。科举制度也是不断强化封建思想，不断强化封建文化中的制度文化。作为封建社会科举考试内容必定成为当时社会上应考者和学习者等知识分子学习、思考的指挥棒。对社会上的应考者、学习者等知识分子的观念、思想加强引导和规范，也就是对全社会民众的观念、思想加以引导和规范。科举考试的内容也就是封建专制思想的内容，封建王朝为了维护自己的统治，为了维护封建专制，就不断强化儒家学说，就不断凭借科举考试的内容将封建专制文化思想深深植入一代又一代知识分子的价值观念之中，从而为封建社会的稳定创造了思想文化上的保障。

在我国的封建社会里，虽然儒家文化、科举制度文化里有一定的精华，但作为封建社会的产物，儒家文化、科举制度文化必然包含着许多落后腐朽的成分。我国传统文化的核心就是专制思想，虽然孟子也曾提出君轻民贵等思想，但这些思想并没有起到支配地位。由于我国历史上有相当长时间的封建统治，使得儒家文化、科举制度文化包含着官本位思想，阻碍着我国社会的发展。儒家文化、科举制度文化含有着的等级差序格局的文化观念，致使我国法治社会建设缓慢，导致我国社会进步迟缓等。

3.1.2 中国共产党领导下我国社会稳定的文化因素分析

3.1.2.1 1949 年 10 月至 1966 年 5 月前社会稳定的文化分析

1949 年中华人民共和国成立时，我国面临着十分封闭、落后、贫困的状况。由于长期战争和国民党的腐败统治，使得国内民生困苦，物价飞涨，生产发展水平低，交通梗阻，生产凋敝。并且当时国民党众多的敌对分子、土匪和军队的残余还在一些地区相互勾结，负隅顽抗，进行着疯狂的反革命破坏活动，仍有一些边远地区需要解放。1950 年爆发朝鲜战争，是以美国为首的西方国家打着所谓“联合国”的旗号悍然入侵朝鲜，把战火烧到了我国边境。当时我国面临着严峻的形势，巩固和维护国家政权是我国当时面临的最紧急、最重要的任务。我国于 1954 年制定了第一部宪法，即《中华人民共和国宪法》，我国宪法的制定与实施使我国的国家政权得到了法律的根本保障。并且，由我国共产党领导的政治协商制度和多党合作制度作为我国根本的民主政治制度也逐渐形成，社会各方面的代表、各人民团体代表和各民主党派代表通过政治协商制度积极参加国家的各项政治生活。广泛的民主实践进一步坚定了人民群众对新政治体系的认同，密切了党群之间的关系，增进了各民主党派的了解，加强了我国政治体系存在的民众基础，增强了广大民众的主人翁意识，使得我国社会稳定基础进一步增强。

当时的道德、心理、思想等社会文化也对我国社会稳定给予了重大的支持。中华人民共和国成立之后，我国政府和我国共产党对当时社会进行了一系列改造工作，禁止酗酒赌博，取缔封建迷信活动，改革丧葬婚嫁习俗，努力对一些随旧中国残存于人们心中的旧意识、旧道德、旧习气和旧风俗等腐朽落后的文化心态进行消灭。大力提倡与新中国相适应的新规范、新道德、新价值、新风尚以及新的生活方式，社会上逐渐形成团结友爱、彼此信任、互帮互助、和谐相处、安定祥和的社会文化氛围，广大人民群众形成了积极、健康、向上的社会文化心态。当时我国对知识分子的思想文化改造，使得当时一大批知识分子转变旧中国时期的价值观、人生观和世界观，不断赞同我国社会主义，不断认同我国的政权。1965 年 1 月，我国专门召开有关的知识分子问题会议，号召我国知识分子向科学进军，我国掀起了向科学文化进军的浪潮。

在 20 世纪 50 年代中期后，毛泽东同志和党对我国社会稳定、文化发展等问题从理论与实践等方面也进行了努力探索，其中《关于正确处理人民内部矛盾的问题》和《论十大关系》等具有代表性的重要理论著作，发展和丰富了马克思主义关于社会稳定的理论和文化发展的理论。不可否认，中华人民共和国成立后，我国新生的人民政权得以巩固和稳定，我国上下艰苦奋斗，共同努力，同心同德，整个社会安定团结，整个社会的道德状况和民众的精神文化风貌良好。

关于社会主义文化问题，毛泽东于 1940 年在《新民主主义论》中提到，建立中华民族的新文化，这就是我们在文化领域中的目的。毛泽东认为："以社会主义为内容的国民文化必须是反映社会主义的政治和经济的。"① 随着革命的胜利，在人民当家做主的新民主主义社会真的已经成为现实时，以毛泽东为代表的中国共产党人对建设社会主义先进文化表现出浓烈的渴望和宏大的抱负。

中华人民共和国成立之后，我国新文化建设、发展是从"变"开始的。正如毛泽东曾说："中国的面貌，无论是政治、经济、文化，都不应是旧的，都应该改变，但中国的特点要保存。"② 他又说："中国的文化应该发展。"③ 这种"改变"、这种"发展"，从学校教育和思想改造开始。在七届三中全会上，毛泽东曾指出，要有步骤地进行旧有学校教育事业和旧有社会文化事业的改革工作。这就在政策上规定了新中国成立以后对待文化工作的基本方针。为了繁荣文艺创作，毛泽东在《关于正确处理人民内部矛盾的问题》中将"百花齐放，百家争鸣"确定为繁荣社会主义文化的工作方针。

1956 年 1 月，中共中央召开知识分子问题会议，此次会议提出了"向科学进军"的口号，强调必须尽一切努力最充分地动员和发挥知识分子的力量。在此次会议上，毛泽东提到，现在叫"文化革命""技术革命"，革愚蠢无知的命，单靠老粗是不行的，没有知识分子是不行的。根据会议讨论的精神，1956 年 2 月，按照中共中央指示精神，使我国出现了"向科学进军"的热潮。1956 年 4 月，毛泽东在《论十大关系》的讲话中，在关于文化问题上，他提出了学习国外先进的科学技术和管理经验的思想。他提出，要学习资本主义国家先进的科学技术、企业管理方法中合理的方面，不能盲目地学，要有分析、有批判地学，不能一切照抄，机械搬用。1957 年 2 月，毛泽东在《关于正确处理人民内部矛盾的问题》的讲话中，把文化建设纳入我国社会主义建设的全局，从解决我国将来发展的战略高度比较系统地阐述了社会主义文化建设的许多基本理论问题，在关于社会主义文化建设的理论、实践

① 毛泽东著作选读（上册）[M]. 北京：人民出版社，1986：349.
② 党和国家领导人论文艺 [M]. 北京：文化艺术出版社，1982：23.
③ 毛泽东. 毛泽东文集（第 7 卷）[M]. 北京：人民出版社，1986：82.

方面都奠定了很好的基础，其中关于社会主义教育方针、关于发展科学、艺术的社会主义文化的方针等，都是在以后相当长的时间里起着重要作用的思想。

3.1.2.2 1966年5月至1978年十一届三中全会前社会稳定的文化分析

所谓“文化大革命”发动和延续的十年，是社会主义文化发展探索重大失误的十年。由于对党和国家的文化状况、政治状况估计的严重错误，导致了理论上和政策上的一系列严重错误。事实说明，“文化大革命”演化成了一场文化大灾难。“文化大革命”推行文化领域内的“文艺改革”“破旧立新”等都没有起到建设和发展社会主义文化的作用，反而摧毁了刚刚建立起来的文化基础，不但没有推进我国的文化建设，而且严重耽误、阻碍了我国文化的发展。

1966年5月至1978年十一届三中全会，这期间也就是“文化大革命”的十年和后来的两年徘徊期。“文化大革命”使我国各项事业遭受严重的挫折和损失，给党、国家和各族人民带来严重的灾难，我国社会的正常秩序遭到巨大破坏。

虽然“文化大革命”在我国造成经济、组织和思想、社会等方面的混乱，但其并没有改变我国人民民主专政的性质，没有改变我国社会主义社会的性质，我国人民军队的性质和我国无产阶级先锋队的性质也没有改变。也正因为如此，我国社会主义的伟大事业也没有中断，我国没有演变为资本主义，国家没有分裂。可我国没有演变为资本主义，国家没有分裂绝对不是“文化大革命”的成果，而是广大领导干部、广大党员、广大人民群众在不同情况下，采取各种形式，经受住了考验，抵制极“左”错误的斗争中共同努力奋斗的结果。“文化大革命”是中华人民共和国成立以来经历过的名副其实的十年浩劫，是我国经历过的社会动荡期、停滞不前期。

3.1.2.3 1978年十一届三中全会之后社会稳定的文化分析

1978年12月，十一届三中全会的召开在我国历史上具有划时代里程碑意义。此次会议，纠正了过去的“左”倾错误，把工作重点放在进行社会主义现代化建设，并且正是在此次会议确立的各项路线、方针、政策的正解指引下，我国社会呈现出新景象。此次会议之后，我国文化也迎来了繁荣和发展的春天。要实现国家富强、民族振兴、人民幸福，就必须努力形成有利于现代化建设和改革开放的价值观念、理论指导、文化条件和社会环境，抵制旧时代封建主义文化和西方资本主义文化的腐朽思想，充分发挥思想道德文化的积极能动功能。

3.2 国外社会稳定的文化因素经验探寻

古希腊城邦文化在实现古希腊的社会稳定中发挥着重要的作用，近代以来西方国家的社会稳定也有其自身的文化因素。

3.2.1 古希腊社会稳定的文化分析

3.2.1.1 古希腊城邦概述

古代希腊的地理范围，包括小亚细亚半岛的西部沿海地区（以及爱奥尼亚群岛）、希腊半岛和爱琴海中的岛屿，大致相当于目前的土耳其和希腊。希腊半岛得天独厚的地理位置，被爱琴海和地中海及爱奥尼亚海轻轻怀抱，希腊半岛三面环海，并且海岸线较长，整个海岸线长约10000公里。在风景优美的爱琴海上，一共有大小各异的岛屿近500个，并且这些大小各异的岛屿之间相距较近，只要天空晴朗，岛屿相互之间就能够隔海相望，爱琴海地区气候宜人。因直布罗陀海峡把地中海与大西洋相隔两边，所以在大多数情况下，地中海总是平静、安宁和温和的。爱奥尼亚海位于地中海中部的一个海域，北接亚得里亚海，西接意大利的卡拉布里亚与西西里，东接阿尔巴尼亚以及许多的希腊岛屿。希腊半岛粮食匮乏，主要种植橄榄和葡萄，气候较为干燥、温热。在冬季，整个西风覆盖着希腊半岛上空，伴随着雨，偶尔也伴随着雪，但并不会感到寒冷；在夏季，时不时从东北部吹来的微风，有力地缓解着夏季的炎热，使得气候非常温和。

希腊的出现并长期存在着一大批独立自治的城邦，得益于特殊的古希腊自然地理环境。“古希腊占有的面积不过 64500 平方公里，但它的自然地理情况却极其多样，显现出其零散性和割裂性，因而对各个地区的防护自卫，造成了极为有利的条件。”① 希腊全境多山，群山将沿海的小平原隔开，各个城邦主要位于各个小岛之上，小岛、高山将各个城邦隔离开来，从而使得各个城邦联系不太方便，形成独立的政治单元。城邦居民一般也只有数万人，城邦内的居民相互认识，比较熟悉，城邦事务也较简单。

在某种程度上，独特的自然地理环境影响并决定着一个民族、一个地区的文化特色，“单调、平凡无奇的地理环境常常造成思维性格的贫乏、想象力的缺乏；而多样的色调、鲜明的层次、富于变化的奇异风采，无疑有助于形成一种健全的、富于思维的弹性和想象力的心态”②。自从人猿揖别，人类就要开始利用各种自然条件、地理环境为人类自身创造特定的生活方式，也创造着多姿多彩、独具特色的丰富文化。可以说，正是由于古希腊独特的地理环境，所以才创造出独具特色的古希腊城邦文化。

古希腊城邦由有限的公民、有限的规模构成，具有独立自主、高度自治的共同体，并且其公民都是忠诚于城邦这个共同体，它是一个典型的希腊式社会和政治组织形式。城邦的出现与存在离不开古希腊独特的自然地理环境，城邦的发展与完善为希腊文化的发展繁荣、希腊社会稳

---

① 宋瑞英．外国文化史［M］．武汉：湖北教育出版社，1994：166.

② 启良．西方文化概论［M］．广州：花城出版社，2000：9.

定起着重要的作用。城邦的出现一方面是由于希腊半岛地理环境较为分散形成的。另一方面是因为希腊人创造的文明方式有其自身的独特性。公元前约 8 至前 6 世纪，许多希腊人漂洋过海进行着大规模的殖民运动，来到新的地方。古典时代的希腊文化不仅在艺术领域、史学领域、自然科学领域、哲学领域、文学领域等众多领域取得了辉煌成就，而且在其他很多方面都取得了令世人惊叹的文化成就。诚然，希腊城邦的出现和存在是希腊文化得以发展、繁荣的重要因素。筑城聚居的必要性迫使人们加强联系，并且随着世袭王权的丧失，逐渐孕育出一种独特的政治单位，也就是城邦的产生和出现。城邦从产生之初就开始创造着属于自己的文化，“人们在城邦中央设立祭坛，祭司点燃坛火，人们唱起赞美神灵的歌曲，占卜者说着关于城邦未来的语言”①。城邦制不仅在古希腊史上占据重要的地位，而且在整个人类的历史上也占据着重要的地位，甚至可以说，一部希腊的历史就是城邦产生、发展及衰落的历史。希腊社会出现长达几个世纪的社会稳定与城邦的存在是分不开的。

3.2.1.2 古希腊城邦文化含有实现社会稳定的民主因素

在人类的历史，“民主”一词最先源自古希腊文。古希腊的城邦能得以存在、发展，也在于古希腊城邦注重全体公民共同管理城邦事务。古希腊城邦的公民通过担任公职和议事会、公民大会直接参与国家事务的管理，公民才是国家的主人。当时雅典民主政治拥有一个较为民主、较为自由的政治环境，雅典的民主政治不仅尊重公民的人格，而且发展公民的个性，所有这些为从事精神文化创造提供了良好的环境，促使着文化的发展。

古希腊城邦注重发挥公民参政、议政的积极性，注重赋予公民较多的民主权利，民主环境对希腊社会稳定的实现起到了促进作用。雅典民主政治影响深远，希腊人的生活方式在当时成为主流而且影响深远。文

---

① Numa Denis Fustel de Coulangs. The Ancient City , 1987, U.S ; 133.

化的创造是一种复杂的劳动，它带有个人独立创造的特点，文化是属于精神领域的东西，容不得任何霸道和专断，也不可能按照固定的模式去创造。文化要兴旺发达，就必须要有一个能够让民众充分发挥创新精神的民主环境，就必须要有创作的自由、思维的自由、言论的自由、思想的自由。雅典的民主政治，使雅典出现了民主的氛围和环境。

古希腊以民主理念以及其在文化领域取得的巨大成就为西方文明奠定了基础，古希腊在哲学、诗歌、文学、雕塑、艺术等领域的成就成为后人学习的标杆。古希腊人的伟大成就不仅促进了西方文明的发展、人类文化的发展，而且开创了人类历史上民主的体制。古希腊政治体制的民主是促进希腊文化大发展、大繁荣的基石。整个希腊境内出现的思想观念为人们公开地热烈谈论，人们为此相互激烈争辩。这是一种富于活力、高度诉诸语言、甚至是充满了喧嚣论争的文化，在这一文化中，绽放出了一些西方文明最为美丽的花朵。① 对希腊人来说，民主、自由的理念，不仅体现在人们的价值观念、社会的政治制度，而且体现于人们的精神气质和生活方式之中。

城邦实行直接的民主制，公民们直接参与城邦的治理，它的政治主权属于它的公民，在古代条件下，雅典为其公民创造了较为平等、较为充分、较为广泛的参政、议政机会，雅典公民的民主意识随着他们参政、议政机会的增加而增强。公民们进城参加公民大会可以朝出暮归，这种直接民主制，只有在人口较少、领土狭小时才能出现。领土狭小、人口较少的城邦，公民相互之间较为熟悉、了解，城邦各种政务、事务也较为简单，各种事务、政务也方便在公民大会上探讨、商议和表决，所以这种高度发达的古典民主制只有在城邦制度中才能出现。

3.2.1.3　古希腊城邦文化含有实现社会稳定的法制因素

自古以来，任何社会、任何国家之所以能够建立和发展，在于拥有

① 列宁全集（第38卷）［M］. 北京：人民出版社，1972：77.

一定的法律制度。法律制度不仅能够处理、解决人类社会发生的各种矛盾与纷争，而且可以依靠法律制度来管理协调社会、国家的各种事务，在一定程度上，法律制度同样包含着价值观念、文化精神。就如同亚里士多德在《政治学》中指出：“城邦宪法是一种生活模式，而不是一种法律结构。”① 古希腊思想家们都非常重视法治的作用、重视法律制度在实现社会稳定中的价值，认为社会要实现安定与稳定，就应该制定法律，就必须遵守法律。毕达哥拉斯认为：“人治不如法治，一部好的法律本身便是‘最大的价值’，并主张恪守祖传的习惯和法律。”②

赫拉克利特认为：“法律体现理智，城邦用法律武装起来就像用理智武装起来一样，公民服从法律就是服从理智。”③ 提倡公民应当敬畏现有的一切法律、坚守现有的一切法律、遵守现有的一切法律，爱护现有的法律，正如像爱护自己的城邦那样，反对人们为所欲为的无政府状态。也就是说，人类的所有活动、所有行为都不能违背自然规律、都不能破坏自然规律，都要遵守自然规律、要尊重自然规律，如果不遵守自然规律、不尊重自然规律，人类就会遭到自然规律的惩罚，这是倡导人类要善待自然、尊重自然，人类要善于处理与自然和谐关系的一种朴实观念。

柏拉图提出：“在一切科学中，最能使人类完善并且使他们感兴趣的就是法律科学。”④ 柏拉图在晚年一再强调法律在人们的社会生活和国家政治经济发展中有着重要的价值，提出国家一切经济、政治及选举活动都必须依法、依规进行，所有国家公民、官吏都不能践踏法律。他还认为，只为极少数人谋取私利而制定出的法律，根本称不上是法律制度、国家制度，法律应服务国家、服务社会、造福公民。“我们的立法不是为城邦任何一个阶级的特殊幸福，而是为了造成全国作为一个整体

① ［古希腊］亚里士多德．政治学［M］．吴寿彭，译，北京：商务印书馆，1981：181.

② 马啸原．西方政治思想史纲［M］．北京：高等教育出版社，2001：15.

③ 古希腊罗马哲学［M］．北京：商务印书馆，1982：29.

④ 古希腊政治学说［M］．北京：商务印书馆，1991：151.

的幸福。"① 这是立法的出发点、落脚点，也是法律面前人人平等思想的一种朴素想法和基本要求。

亚里士多德进一步继承和完善了柏拉图、毕达哥拉斯等人的法治思想，不仅从理论高度、而且从实践的深度论述了有关法治问题。亚里士多德提出，"理想社会需要正义，因为正义要求判断无偏无私，要求公平，而法律正好是这样一个没有偏私的中道的权衡"②。并且，"谁都承认法律是最优良的统治者"③。可见，国家、社会要实现法治，不仅要有良好的法律，而且人们要遵守法律，任何判断也应依据法律。

可见，古希腊哲学家、思想家们都明确提出了法治对城邦发展、城邦社会稳定的重要性，认为法治是实现城邦社会稳定与安定的必要条件，并且提出要做到法律面前人人平等。在当时的雅典，法律面前人人平等，时时处处体现在人们的生活、行动之中。当时雅典的民众只遵守法律、只忠诚于法律、只听命于法律，也只服从于法律，忠诚于城邦；当时的雅典法律大于权力、不允许特权存在、任何人都不能凌驾于法律之上。

3.2.1.4　古希腊城邦文化含有实现社会稳定的人本因素

人本主义强调的是人的发展、人的权利、人的尊严、人的价值等，要求理解人的需求和发展、尊重人的权利和尊严、关爱人的个性和人格、实现人的理想和追求。人本主义作为一种思潮，具有伟大的生命力和创造力。当时雅典非常重视"人"的权利、价值。"人是第一重要的，其他一切都是人的劳动成果。"④ 这是伯里克利一直坚守的观点，这种以人为本的观点，对人价值的重视，在当时的确是很了不起的观点。基于人本观念，古希腊统治者都能充分尊重人们的尊严和人格，以

---

① ［古希腊］柏拉图．理想图［M］．北京：商务印书馆，1986：279.

② ［古希腊］亚里士多德．政治学［M］．北京：商务印书馆，1981：169.

③ ［古希腊］亚里士多德．政治学［M］．北京：商务印书馆，1981：171.

④ ［古希腊］修昔底德．伯罗奔尼撒战争史［M］．北京：商务印书馆，1978：103.

“让人民安静而不要妨碍他们实行自己的计划”① 的精神去协调民众的生活，按照民众自身的计划去适应和协调与社会、与自然的发展规律。这种重视人的价值、尊重人的人格、关爱人的发展、维护人的权利的社会和环境，不仅使生活在雅典的哲学家、思想家、戏剧家等文化创造者们的聪明才智得以充分的发挥，而且促进民众正确处理好与社会、自然以及民众内心精神生活的各种关系，实现着社会的稳定。

古希腊民众相当重视权利、尊严、自由、人格等，他们认为，尊严、人格是必须要坚守、坚持的。因为每个人都是自己真正的主人，而不是别人的奴隶，不受别人的主导，每个人都有独立的人格和尊严，因而在古希腊具有强烈的人文主义精神环境。

古希腊社会长达几个世纪的稳定，离不开古希腊文化的影响，也离不开古希腊文化所含有的人本理念。黄金时代高度发达的古希腊文化距今已有 2500 多年历史，能够长期保持经久不衰魅力的深层次原因，不在于古希腊文化所取得的某些具体文化成就，而在于古希腊文化取得其具体文化成就中所包含着的人性或人本主义。

3.2.2 近代以来西方国家社会稳定的文化分析

3.2.2.1 西方国家的稳定概况

1640 年的英国资产阶级革命拉开了世界近代史的序幕，在某种意义上，可以说世界近现代史主要是资本主义的历史，两次世界大战都发生在资本主义时期，资本主义从产生到发展再到繁荣历经 300 多年。

从政治军事力量、文化软实力、经济整体状况、科技教育水平等角度来考察，目前资本主义在世界范围内还具有领先优势，总体上，西方资本主义国家保持着社会形态的连续性和稳定性。在一定程度上资本主

① ［苏］B. H. 狄雅可夫，H. M. 尼科尔斯基．古代世界史［M］．日知，译．北京：中央人民政府高等教育部教材编审处，1954：350.

义的生产关系还在促进着资本主义国家生产力的发展，资本主义也还有着较强的潜力和生命力。“第二次世界大战”之后，因社会形势的变化、科技水平的发展，发达资本主义国家的社会运行模式、经济发展方式，乃至整个上层建筑、生产关系、生产力等各方面都产生了重大而深刻的变化。

政治领域方面，发达资本主义国家采取各种措施，努力消除可能引发社会危机的各种潜在因素，如欧洲将“中左政治”作为一种缓和社会矛盾的管理方法、统治方法，将各种冲突尽量由政治领域转化到社会领域，将民众的政治领域兴趣尽量转移到涉及民众自身的休假、医疗、收入等个人事务领域，允许工人运动中的改良派去参与管理一定资本主义社会事务，所有这些都注重消解引发社会危机的因素；美国则通过签订集体合同、雇主与劳工代表谈判、工人组成工会，设立劳资协商、妥协的组织机构，避免工人阶级的阶级斗争，无疑，所有这些措施有利于资本主义国家社会的稳定。意识形态领域方面，意识形态虽然不具有强制性的效力，但在人们的心中，它极为权威。意识形态是社会得以稳定的深层因素，它主要是影响人的内心世界和精神领域来达到规范和约束人的思想和行为。意识形态具有深层而持久的影响，对实现社会的稳定至关重要。正因意识形态对社会影响具有重要的影响，所以西方发达国家普遍注重意识形态对人的行为的引导功能，以维护其统治秩序和社会的稳定。西方学者大多认为，在一般情况下意识形态维护着既有秩序。“尽管在有些情况下意识形态起着颠覆的作用，但它们的主要作用是维护特定的既定秩序。”① 在西方近代社会发展进程中，西方社会逐渐确立了以平等、自由、博爱、宪政、民主、法治、人权为内核的信仰体系和价值观念。时至今日，这些价值观念已经成为绝大多数西方人必须坚守的信仰，已经成为西方很多人生命中必不可少的一部分，已经深入到

① ［澳］安德鲁·文森．现代政治意识形态［M］．袁久红，译，南京：江苏人民出版社，2005：11.

绝大多数西方人的灵魂，并时刻影响着他们的生活、支配着他们的行为。统治阶级的意识形态逐渐地转化为社会公民的观念，对西方国家的政府和执政党而言，都非常注重利用西方社会所共享的价值观念去实现西方国家社会的稳定。对任何国家、任何社会来说，社会制度、信仰体系和价值观念可以不同，但要实现良好的社会秩序、实现社会的稳定，就需要不断倡导为社会绝大多数成员所认可和接受的信仰体系和价值观念，强化意识形态对社会民众行为的引导功能，从而使人们在固有观念的引导下，自觉自在地维护社会的秩序，维护社会的稳定。经济领域方面，当出现市场失灵的情况时，西方国家政府往往会主动加以干预，防止经济衰退，保证经济增长和社会的良好发展。由于西方国家对经济生活的必要调节，在一定程度上克服了市场失灵带来的后果，充分发挥政府在经济发展中的积极作用，对社会经济生活的干预和调节，不仅促进了生产力的发展，而且有力缓和了资本主义国家社会的阶级矛盾以及西方国家社会存在着的其他相关社会矛盾，不仅实现了西方国家资本主义制度的相对稳定，也保障了西方国家的社会稳定。西方国家资本主义生产关系是建立在以商品经济较为发达、科学技术较为先进的基础之上，商品经济的发展有力促进了社会流动和社会交流，不仅推动了西方国家国内贸易发展，而且促进了国际贸易的繁荣，实现了西方国家国内市场与国际市场的统一。其中价值规律、经济交换为西方资本主义国家社会的稳定提供了制度机制和理性精神的保障。

诚然，300 多年来，资本主义社会的稳定是相对的社会稳定，而不是绝对的社会稳定，是不断发展的社会稳定，而不是停滞不前的社会稳定。西方国家资本主义社会的稳定是在不断变化和发展的演变过程中而实现的社会稳定，是动态性、相对性的社会稳定，其西方国家发展历程也反复证实这些，如美国、英国、日本等国家在经济快速发展的历程中，就曾经面临着影响社会稳定的问题：美国从 1870 年至 1929 年的将近 60 年经济经历着快速的发展，“第一次世界大战”后的美国经济实现了新的跨越，可美国经济发展所出现的诸多社会问题，如分配不均、劳资关系紧张等社会问题，政府没能及时合理地加以宏观调控和解决，美国社会出现了一些不稳定的状态，1929 年美国终于爆发了较大的危机。美国政府仅在 20 世纪 60 年代就镇压了 500 多次有关民权的各类社会运动。英国从 18 世纪的中期到 19 世纪的中期共约一个世纪的时间里，经济得以快速发展。在这期间，英国社会问题和社会矛盾也比较多，特别是穷人与富人之间的矛盾尖锐对立，英国政府采取一系列社会改良措施，及时调整政策，解决社会冲突和矛盾，从而使得英国没有发生较为严重的社会危机。日本受我国儒家思想文化的深刻影响，注重以人为本，注重较为人性的管理方式，比较注重缓和劳资关系，但从 20 世纪 50 年代中期至 20 世纪 70 年代中期，虽然日本经济年均增长 9.5%，可日本在 20 世纪 70 年代出现的通货膨胀、石油危机、多党纷争等严重的政治社会问题也使得日本面临着诸多的社会冲突和社会矛盾，由于日本及时实施一系列应对措施和政策，才使得其社会保持着较为稳定的状态。

因此可以说，资本主义国家社会出现的整体稳定中也包含着许多局部的、暂时的不稳定，只是这些局部的、暂时的不稳定没能改变资本主义的制度性质，没能严重破坏资本主义国家社会的稳定，没能动摇资产阶级的政权，还保持在资本主义制度可以接受的范围。并且，西方资本主义国家面对社会不稳定的形势，不断地调整社会管理方式，不断处理上层建筑与经济基础的关系，以疏而不堵的积极态度，资本主义国家较为理性地对待了社会出现的不稳定现象，而不是简单、粗暴地回避和压抑矛盾与问题，较为合理有效地解决各种社会冲突和社会矛盾。也正是由于资本主义国家客观、理性对待社会出现的局部、暂时不稳定情况，才使得西方资本主义国家较大范围、较长时间内保持着稳定。资本主义国家对待社会局部不稳定所采取的方式、方法，值得我们在研究社会稳定时给予更多重视、学习和借鉴。

3.2.2.2 西方国家社会得以稳定的文化因素分析

现代西方国家文化是伴随着西方资本主义体系的扩张、兴起和危机而得以形成与发展的，在西方国家的社会中，统治阶级的意识形态支配着西方的意识形态，西方国家统治阶级的意识形态构成近代西方的主流文化，服务于资本主义体制的自由主义和理性主义占据着西方国家的支配地位。近代以来，一方面理性主义成为西方文化的一大主要特征；可是，近代科学及其包含着的理性主义文化理念之所以能够系统化地成为近代西方国家社会的重要组成部分，是因为近代西方国家资产阶级需要依靠坚实的物质条件和先进的技术力量来让资本主义国家谋求世界霸权以控制原材料、劳动力和市场，从而实现资本主义国家的利润最大化。击败竞争对手固然需要降低生产成本，控制海外殖民地、征服各非欧洲国家更需要军事力量。对于西方国家资本主义体系的维系以及西方国家资本主义社会的稳定来说，理性主义提供了不可或缺的、关键的科学技术之支撑。

西方国家文化价值观含有的自由主义是近代西方文化的另一主要特征。西方国家快速的经济发展以及世界物质财富向西方国家的大量输入，导致了西方国家生产以及教育的较好普及、市民阶层的成长以及民众生活水平的提高等。西方国家普选制的逐步实现，集会、出版和言论的自由，以及宗教信仰自由，自由主义、民主政治在西方国家得以发展。除此之外，西方资产阶级又是民主政治中的主要获益者。只要保留私有制，在去除了关税、特权和宗教等人为因素约束的自由市场经济中，靠技术和资本优势的阶级自然能战胜没有技术和资本的其他阶级，拥有技术和资本优势的阶级可以依靠占有的剩余劳动而成为统治阶级，并且可以将这种统治扩大到世界的其他地方。自由主义为西方国家资本主义体系提供了观念上的辩护，为西方国家资本主义社会稳定提供了制度上的保障。

一方面，20 世纪以来，西方文化在其工具理性领域如教育和科学的快速发展，促使其产业结构换代升级，使西方国家的综合实力和国力在世界范围内继续取得较大优势。另一方面，西方文化在其价值理性领域，作为一种信仰和伦理的自由主义则发生着较大变化。德国著名社会学家和政治学家马克斯·韦伯曾论述过早期资本主义国家的伦理基础，他认为克制勤俭的新教伦理对早期资本主义国家的资本积累起着相当重要的作用。如果说清教主义在早期西方资本主义社会发挥着一种生产型伦理作用的话，那么，由于资本大量过剩，在晚期西方资本主义国家社会里为进一步谋求最大利润，实现经济发展，就需要拉动社会需求，扩大社会消费，不断提倡社会消费和民众享乐，从而产生了一种放纵的享受型、消费型伦理，一种享乐主义的意识形态。这种消费型伦理是西方资本主义国家自由主义发展比较极端的阶段，即以个人权利、个性、快感和自由为终极的价值诉求，而排斥国家、社会和集体的整体目标。

西方国家文化的各个层面、各个分支和各个领域与资本主义制度存在着紧密的联系。如果仔细分析西方社会的文化领域就可以看出，资本主义体制与大部分社会学说和近代科学总是紧密地联系着，文学则较为多义和含混，哲学则保持着一定的反省距离。西方文化在形成系统化、一体化的过程中，整个西方国家文化内部也存在着裂隙和分歧。特别值得关注的是，通过近代科学的影响，传统的基督教在近代西方国家社会中占有较特殊的位置，成为近代西方国家文化的一个极其重要的组成部分。近几十年来，西方文化以基督教文化为基础，并且不断吸收、综合近代以来逐步发展起来的资本主义文化，目前，西方文化成为一种庞大文化体系，在世界范围内有着重要影响。在物质财富重新分配、生产和生活方式急剧变化和各种社会矛盾日益凸显的环境下，基督教为不同的人们提供着平衡、庇护和慰藉心灵的作用。当然，基督教不仅是西方国家不同民族相互认同的重要依托，也是增强西方国家社会稳定的主要信仰。现代绝大多数西方人信仰宗教，宗教不但是西方民众日常生活中必不可少的重要内容，而且是西方国家民众的精神依托。众所周知，绝大多数西方人信仰基督宗教，或者说信仰上帝。因此，可以说西方国家主要信仰基督教。当前，西方文化是以基督教文化为基础、以资本主义文化为主流一种的文化体系。

分析西方国家基督教与社会稳定的关系，诚然，基督教是实现西方国家社会稳定的关键因素之一。进入20世纪之后，西方国家依靠道德力量推动社会改革的主要都是宗教，西方国家借用基督教为道德、公共事务以及人们的生产、生活等方式给予指导。伴随着西方国家的政治、经济、科学技术的进步与发展，西方国家绝大多数人所信仰的宗教——基督教的作用也发生着变化，除了在西方国家经济和政治领域继续发挥着重要的作用外，也对西方国家社会稳定起到至关重要的作用。基督教是依靠具体的文化和社会活动而发挥其独特的作用来增强社会凝聚力和稳定作用的。俗话说“人上一百，形形色色”，一个国家、一个社会的人们难免会存在着各式各样的心态和思想，社会上各种矛盾不少，这些社会矛盾如果不能有效、合理地解决，必然会引起社会动荡。当然，国家政策的调控、国家机器镇压等能够起着缓解社会矛盾的作用，但这些肯定不是良策，解决社会矛盾、实现社会稳定最好的办法就是依靠文化。“如果个人没有高贵品德，虔诚的信仰，整个社会将没有爱心和生机，变得死气沉沉。”① 基督教之所以在实现社会稳定方面功不可没，主要表现在可以缓解社会矛盾。基督教所提倡的“接济贫民”“关爱弱者”“爱人如己”等博爱思想是保持良好社会秩序、实现社会稳定的重要基石。

3.3 国内和国外社会稳定文化因素的启示

国内、国外的社会稳定有其自身的文化因素，挖掘国内和国外社会稳定文化因素的启示，对于社会稳定的实现，社会稳定文化方略的研究

---

① Fuchs Josef. Christian Ethics in a Secular Arena [M]. Washington: Georgetown University Press, 1984: 142, 119-120.

都有着重要的意义。

3.3.1　立足自身国情

促进文化发展、探寻社会稳定的文化方略，不管是借鉴国外文化，还是吸收传统文化，都要立足于自身国情。不论是我国封建社会文化的产生、发展，还是古希腊城邦文化的产生、发展，都是联系实际、结合实际的。如近代以来，我国努力向西方国家学习，学习借鉴西方国家的优秀文化成分，将西方文化的优秀成分紧密结合我国国情，特别是马克思主义传入我国之后，正是由于马克思主义与我国国情相结合，才使得我国古老的国家面貌焕然一新，逐步摆脱了日益落后的面貌。再如，美国文化与刚从欧洲传来的文化相比，已经发生了很大的改变，美国人也并不是将欧洲相关文化照抄照搬到美国，而是立足自己的国情借鉴欧洲文化。美国文化发展的过程包括以下几个方面：其一，美国并不是全部地、笼统地、毫无选择地将欧洲文化带到美洲，欧洲文化被带到美洲是有选择的、是有条件的，或者说来到美洲的人口不仅是旧欧洲大陆人口上的转移，从欧洲带来的欧洲文化结合自身国情，经过自身理性地选择而成为美国文化，不论这种选择是无意识的还是有意识的，美国最终形成了独具特色的美国文化；其二，从欧洲来的北美移民不仅有选择性的带来了欧洲原有的文化，而且慢慢接受着北美当地土著印第安人的文化；其三，美国文化就是一个不断变化、发展的文化，包括来自不同民族和国家的人们之间相互融合和交往、新的社会和经济形式的出现、新的环境和观念的呈现、原有文化在北美的转变，以及各种不同文化的传播与交流过程中都影响着美国文化，对美国文化体系作出了自己的贡献；其四，美国文化在形成、发展、完善的过程中，美国文化并不是与世隔绝的文化，与世界其他各种文化也在交流、接触、交融，不仅如此，美国文化和世界上的其他文化之间相互影响、相互交流促使美国文化最终与欧洲文化有着诸多不同。

在确保社会稳定的前提下，在全球化的时代背景下，社会稳定的文化方略就更需要有战略的高度、全局的视野去进行深层次性的思考与规划。目前，尤其需要借鉴学习、吸收西方民主执政、法律至上等一些文化思想，在社会民众中牢固树立责任意识、团结意识、法律意识、主人翁意识，让社会民众讲责任、讲团结、讲法律等。当然，也应结合我国实际对其文化进行吸收、消化与分析，防止对西方文化盲目崇拜的新教条主义错误倾向。当前，我国在努力实现“中国梦”、实现民族伟大复兴，文化发展是适应民族伟大复兴、实现社会稳定的客观要求。马克思主义的基本原理告诉人们：经济基础决定上层建筑、生产力决定生产关系，根据马克思主义的此原理，社会稳定的文化方略就必须立足我国的国情，必须紧密结合我国民族伟大复兴的实际。唯有如此，才能促进文化发展，避免各种形式主义，实现民族振兴、国家富强与社会稳定。

3.3.2 倡导公正理念

公正，包括正义与公平，正义与公平的概念理解上有着细微差异，但两者在实际应用上并没有什么实质的差别。正义是指正确的、公正的或正当的道理，与正直、公道、正当、公平等相关。而公平则是指处理事情合情合理，不偏袒任何方面。正义公平民主是人类社会的一种最基本的价值目标和价值追求，是社会稳定得以实现的前提，是文化发展的根本。正义公平民主在实现社会稳定的进程中具有非常重要的地位，是支撑社会稳定的重要支柱；没有社会的正义公平民主，实现社会稳定就必然成为一句空话。国家要长治久安，社会必须保持稳定。正义公平民主与社会稳定之间必然紧密相连，自从人类社会存在着正义与不正义、公平与不公平、民主与不民主的社会现象以来，正义公平民主一直被作为人类社会的崇高理想和最终价值。

不管是我国古代科举制度文化含有的公平公正原则，还是古希腊城邦文化含有的民主因素，都说明正义、公平、民主对社会稳定的重要。因此，要确保社会稳定，在文化发展中，在采取的文化方略中，就要在全社会倡导正义、公平、民主的理念，就要在社会稳定的文化方略中坚持正义、公平、民主的理念，因为正义、公平、民主是协调、消除社会各种矛盾的有力武器和思想基础。只有维护公平正义民主，才能推动经济健康发展、促进社会和谐稳定。文化的发展、文化的方略，坚持正义、公平、民主的理念，才能使社会不同利益阶层各显其能、和谐共处、各得其所。只有坚持正义、公平、民主，才能促进人与人、人与自然、人与社会等关系的融洽。正义、公平、民主是实现社会稳定的精神基础，是文化发展的根本，没有正义、公平、民主就没有社会的稳定。

3.3.3　培育人文精神

人文精神以实现人的自由而全面发展为目标，将人的权力与价值、生存与发展作为文化的核心。发展一切依靠人，发展一切为了人，保障人的生命和权利，满足人的需要与价值，维护人的尊严和幸福，珍视人的生命和价值，实现人的自由而全面发展。如西方文化注重人权、民主、博爱等人文精神领域的思想，我国传统儒家文化也有着崇仁尚礼等人文思想。人文精神作为社会的日常生活、伦理道德、生态环境、政治法律、科学技术、经济运行及文学艺术的价值导向和指导原则，在处理人与文化、人与自然、人与人、人与社会等的各种关系时，总以人为出发点和落脚点，强调人在社会稳定、文化发展中的主动性和能动性，主张社会稳定和文化发展在于尊重人、理解人、关爱人、为了人，更重视文化方略在社会稳定中的作用，强调社会的发展、文化的发展就是为实现人的自由而全面发展创造各种良好条件。在人与物的相互关系上，强调人重于物，对侵犯人权、侮辱人格、草菅人命等丑恶行径要坚决制止。在人与人的相互关系中，强调彼此关爱和尊重，强调“己欲达而达人”“己欲立而立人”的共荣互利精神，“反对以势压人、以富欺贫、以强凌弱等有害社会公正的现象，突出人人平等的原则。在认识和实践活动中，强调人的能动性和创造性，突出人是主体的原则。这样的文化环境必然是不断推动人及文化进步和繁荣的环境，是真正的人的环境。”① 同时，人文精神会渗透在文化领域的各个层面，如“可以体现在观念文化层面（如文化精神），心理层面（如自我超越意识），也可以体现在制度文化层面（如民主精神）、日常生活层面（如风土人情中折射的国民性或民族精神）、物质文化层面（如实用价值中的人本理念和文物中的精神积淀），甚至体现在人化自然中（如人文景观体现的人类精神印记及生态伦理意识）。”② 在人们的一切文化创造和文化生活中，人文精神常常表现为一种以人为本的文化价值、文化理念和文化态度，潜移默化教化人、塑造人，利于人们接受和认可，人文精神内化到人们的观念、外化到人们的行为，可以提高人的素养、净化人的心灵、规范人的言行。人文精神是文化发展中的净化剂，它通过对人的影响和熏陶，可以引领社会思潮，对不利社会稳定的文化精神、文化秩序和文化成果给予纠正、批判，对利于社会稳定、人的全面发展的文化因素给予肯定、弘扬。

人文精神一切以人为工作的出发点和落脚点。人文精神是文化价值的最集中表现，直接构成文化的核心内容，文化与人文精神同构，人文精神必然服务人、为了人，也必然坚持以人为本。总之，人文精神关注人的意义和价值，是一种人之为人的内在文化精神。人文精神以最直接、最一般的方式服务于人性的需求，追求着一种最真实、最本质的存在方式。人文精神在社会管理中，体现着对社会稳定的掌握和认识，反映着人们对社会稳定的认识程度，更是为文化发展提供一种追求理想的向度。所以，社会稳定的文化方略应该重视人文精神的培育。

3.3.4　借鉴优秀文化

有史以来，不论主观意愿如何，不管哪个国家、哪个民族、哪个地

① 商静文，雷念曾．社会主义市场经济的人文精神［M］．北京：华夏出版社，2005：15.

② 杨岚，张维真．中国当代人文精神的构建［M］．北京：人民出版社，2002：31.

区创造活动都是以现有的历史成果为前提、为基础、为条件。正如马克思和恩格斯所说："历史的每一阶段都遇到一定的物质结果，一定的生产力总和，人对自然以及个人之间历史地形成的关系，都遇到前一代传给后一代的大量生产力、资金和环境，尽管一方面这些生产资金和环境为新的一代所改变，但另一方面，它们也预先规定新的一代本身的生活条件，使它得到一定的发展和具有特殊的性质。"① 因此，人类社会发展的历史总是一个不断向前的、新旧继替的历史过程。当前的人们总要面对以往的历史成果，当然，思想文化方面的历史成果也是当前人们必须要面对的成果，它不仅是新的思想文化创造的基础，更是文化发展的基础，"每一个时代的哲学作为分工的一个特定的领域，都具有由它的先驱传给它而它便由此出发的特定的思想材料作为前提。"② 当然，社会稳定的文化方略，同样需要科学客观地对待我国数千年来历史积淀悠久的文化传统，同样需要在优秀传统文化中加以继承与借鉴，同样是基于历史传统的创造。我国优秀传统文化的形成、发展与完善，是智慧、勤劳、伟大的中华儿女创造出的伟大成果，当然，我国各民族更是善于吸收、善于借鉴人类社会进步中一切优秀文明成果的伟大民族，在吸收、借鉴外国文化的碰撞和交流中，进一步促使了我国优秀传统文化的繁荣和丰富。基于社会稳定的文化方略必须注重继承我国传统优秀文化、借鉴和吸收西方国家的优秀文化成果，但是借鉴和吸收的目的不是照抄照搬、不是全盘吸收。文化的生命力在于实践，在于联系实际，在于继承优秀传统文化，也在于借鉴国外优秀文化。

文化继承、吸收与借鉴中一定要保持文化独立，文化独立也是一个国家独立的重要体现，"国家要独立，不仅政治上、经济上要独立，思想文化上也要独立"③，如果照抄照搬西方文化往往会导致文化殖民，

① 马克思恩格斯选集（第1卷）[M]. 北京：人民出版社，1995：92-93.

② 马克思恩格斯选集（第4卷）[M]. 北京：人民出版社，1995：703-704.

③ 中共中央文献研究室. 十四大以来重要文献选编（下）[M]. 北京：人民出版社，1999：2152.

不仅阻碍文化发展，而且破坏社会稳定，断送国家的富强和独立。对西方国家优秀文化成果的借鉴和对我国优秀传统文化的继承，目的是为了文化创新、文化发展，目的在于实现社会的稳定。当前的文化是以往文化的进一步发展，我国数千年来的文化精华、文化积淀，是文化发展借鉴、继承的智慧源泉。我国当前的文化与世界各国的文化发展息息相关，世界其他国家、其他民族的文化创造也是文化发展借鉴、继承的文明力量。当然，文化发展既不能是复活我国传统文化，更不能是移植国外文化。

第 4 章　社会稳定文化方略的现实依据

当下社会，是一个朝气蓬勃、充满希望的社会，也是一个社会矛盾众多、社会问题复杂的社会。我国正处于社会转型期、改革关键期，贫富差距、腐败现象、生态恶化、道德滑坡、群体事件、宗教问题、心理失衡等都会影响社会的稳定，而这些社会矛盾和问题的背后都存在着一定的文化因素。分析社会稳定文化方略的现实依据，对社会稳定文化方略的研究有着重要的现实感、时代感。

4.1　贫富差距对社会稳定的影响及其文化因素

贫富差距影响社会的稳定，缩小贫富差距，解决社会分层问题，成为当前实现社会稳定的重要课题，贫富差距也有着一定的文化因素。

4.1.1　贫富差距影响着社会的稳定

衡量贫富差距的方法较多，可是大多数情况下，人们最常用五等分法和基尼系数法来衡量。

五等分法是指将收入不同层次的人划分成五组：较低收入组、中间收入组、次高收入组、最高收入组，最高收入组人数（占总人数 1/5）占有的收入比重和最低收入组人数（占总人数 1/5）占有的收入比重相比较，并以前者相当于后者的倍数来分析观察人们收入分配差异的程度。两者比较相差的倍数越小，说明收入差距就越小；反之两者比较相差的倍数越大，说明收入差距也就越大。基尼系数法，是20世纪初意大利经济学家基尼根据洛伦茨曲线上的1和0之间的某个数字来表示社会收入分配均等或社会不均等的程度，“1”表示收入分配绝对的不平等，即收入分配完全归一个人所有，其他所有人都没有任何收入；“0”表示收入分配绝对平等，即每个人的收入分配都一样，收入没有任何差距。当然，在世界上，任何一个国家、任何一个地区收入分配差距的基尼系统不可能是处于要么1、要么0的绝对极端状态。小到一个地区、大到一个国家，其收入分配差距的基尼系数，必然是0与1中间的数值；该数值越接近于1，则说明收入分配差距程度越大；该数值越接近于0，则表明收入分配差距程度也就越小。据有关联合国组织规定：基尼系数若小于0.2，则表明收入分配差距是绝对平均的；若位于0.2~0.3之间则表明收入分配差距比较平均；位于0.3~0.4，则表明收入分配差距相对合理；若位于0.4~0.5则表明收入分配差距较大；基尼系数大于0.6则表明收入分配差距已经悬殊。由于基尼系数法科学、简便，所以国际上的经济学家通常用基尼系数来衡量一个国家或地区的收入分配差距状况。当前，我国社会的贫富差距两极分化较为严重，已经突破了合理的限度，突出表现在不同行业收入悬殊、城乡收入悬殊、高低收入群体差距悬殊、东中西部地区居民收入差距过大、收入差距进一步拉大等。

我国在收入分配领域的居民内部差距、区域居民差距、城乡居民差距、垄断行业与非垄断行业的差距、劳动收入与非劳动收入的差距越来越大，收入差距高低相差几倍甚至几十倍之多。随着小资阶级、白领一族、富翁阶层越来越多的同时，因找不到工作的失业人员，因半停产或停产的公司职工，因公司转制、倒闭、破产等而下岗的职工，因较重车祸、自然灾害、重大疾病等各种事件造成伤害的居民，每年都会有数以千万的贫困居民领取困难补助。特别是在我国广大贫困农村，当前仍有数以千万的居民勉强仅能解决温饱问题。如此庞大的城乡生活困难居民的存在，说明我国收入差距比较严重。正如一句名言所说：“一边是财富的积累，一边是贫穷的积累。"① 总之，我国当前社会收入差距、贫富差距正在不断扩大，贫富差距的进一步扩大，整个社会结构将处于危险而又脆弱的"哑铃型"结构，将不利于整个社会的稳定。

从 20 世纪 90 年代中期之后，我国社会贫富两极分化的趋势在不断扩大。社会分层、贫富差距的问题，不仅通过抵制需求开始成为制约我国经济持续增长的瓶颈，而且影响着我国社会的稳定。其中，分配秩序的混乱、分配不公等是导致贫富差距产生的最根本原因。因此，解决贫富差距不断扩大的趋势，缩小贫富差距，解决社会分层问题，已经成为当前实现社会稳定中重要的课题。

贫富差距影响着社会的稳定，主要在于：

第一，破坏社会结构，影响社会稳定。目前，我国社会中间阶层较少，这种结构是非典型性的"金字塔型"社会结构，非典型性的"金字塔型"社会结构因为中间阶层少，所以社会冲突、矛盾缺乏必要的缓冲阶层，使得社会之间的冲突和矛盾就不能较好得以合理有效解决，容易激发社会矛盾、产生社会冲突，导致社会的不稳定。西方社会学理论认为"橄榄型"社会结构就是健康良性的社会结构，"橄榄型"社会结构就是所谓的"中间大、两头小"，也就是富有阶层、贫困阶层比较少，社会底层和社会精英的规模相对较少，而社会中产阶层的规模、数量较大，"橄榄型"的社会结构可以有效避免激烈社会冲突、矛盾的发生，一直被众多有识之士认为是最佳的社会结构，是最利于社会稳定的社会结构。非典型性的"金字塔型"社会结构由于社会底层人数众多，往往利益受损的是处于社会底层的民众，就有可能对政府或社会产生怨恨或者不满，成为社会稳定的潜在危险。并且因为社会中间层较少，就表明和谐、稳定、温和的意识形态难以在社会上占据主导地位，而偏激、极端、冒进的思想观念和价值取向很容易受到人们的接受和认同，

① 王红茹．"第三次分配"被寄予厚望［J］．中国经济周刊，2006（24）：23.

这样就不利于社会稳定的实现。贫富差距的加强，会破坏社会结构，从而影响社会的稳定。

第二，冲击社会心理，影响社会稳定。贫富差距问题是产生社会不满情绪的关键所在，是影响社会心理稳定的重要根源。财富的过度集中，贫富差距过于悬殊，严重冲击着社会的心理。社会上相对贫困的民众由于贫困往往会产生心态的失衡，而心态的失衡会破坏健康的社会心理。当前，很多人都关注社会分配不公和贫富收入差距扩大问题；而且社会上大多数的民众认为产生贫富差距扩大的原因存在着不合理、不公平的因素；并且在当前人们对“富人”财富取得所采用的方式、方法评价也比较消极，人们普遍存在着“仇富”的心态，在一些地方，社会治安恶化，群体性事件频发、集体上访，小的摩擦与矛盾不断升级和扩大，社会上也存在一些人性情暴躁、出言极其恶毒，唯恐天下不乱，极其痛恨富人。在现实社会中，人们对贫富差距问题表现出极大的不满，这些滋长着的不满情绪冲击着社会心理、影响着社会的稳定。

第三，削弱社会公正，影响社会稳定。贫富差距的扩大必然影响着社会制度的公平性、正义性，也必然会削弱社会公正，而社会公平、正义是社会稳定的支柱和根基。邓小平曾指出：“如果富的愈来愈富，穷的愈来愈穷，两极分化就会产生”①。“如果我们的政策导致两极分化，我们就失败了；如果产生了什么新的资产阶级，那我们就真的走了邪路了。”② 随着我国贫富差距越来越大，贫困民众有可能产生心理失衡和较大的失落感。社会分配规则的不公平，社会财富分配的不合理，人们获取财富机会的不平等，社会不公平、不公正的现象，会造成越来越多经济困难群体违法乱纪、心理失衡，社会上不稳定的因素也会越来越多。“财富和收入分配虽然无法做到平等，但它必须合乎每个人的利益，同时，权利地位和领导性职位也必须是所有人都能进入的。”③ 收

① 邓小平．邓小平文选（第3卷）［M］．北京：人民出版社，1993：374.
② 邓小平．邓小平文选（第3卷）［M］．北京：人民出版社，1993：111.
③ ［美］罗尔斯．正义论［M］．北京：中国社会科学出版社，2001：61.

入分配领域的不合理，贫富差距的过于悬殊，人们对社会、对政府就会失去安全感，社会就会失去向心力、凝聚力，就会影响社会的公平与正义，这些都和我国改革开放的初衷背道而驰，社会稳定就不可能实现。

贫富差距的扩大，以及大量的贫困人口的存在，必然危害着社会稳定，必然会形成高风险、紧张的不稳定社会。经济贫困民众中的某些人，一旦无所事事，发展为街头混混或成为恐怖分子，其对整个社会的破坏将是巨大的。人与人之间是相互需要的，社会的公平正义、社会的安定团结符合每个人的利益。也就是说，在冲突频发、穷人聚积的地方，在没有公平正义的社会，社会稳定是不可能实现的。

4.1.2　贫富差距的文化因素

贫富差距问题引发社会不稳定的原因，很多人可能认为，是社会财富的“蛋糕”还不够大，社会经济还不够发达，社会物质财富还不够丰富，生产力还不够发达。并且很多人认为，要解决贫富差距，就要把“蛋糕”做大，增加社会物质财富，大力进行经济建设，大力发展生产力，固然这些观点有一定的道理，但是理性客观地分析一下，“蛋糕”做大，增加社会物质财富，大力发展生产力必然是一个复杂的、长期的过程，在短时间内不可能迅速解决，如果把解决贫富差距问题重点放在发展经济、发展生产力上，可能永远也解决不了问题。其实有时候社会弱势群体的需求是很简单，也是最基本的，然而弱势群体的这些最基本的需求仍可能得不到满足。马克思曾经说过：“一座小房子不管怎样小，在周围的房屋都是这样小的时候，它是能满足社会对住房的一切要求的。但是，在这座小房子近旁竖立起一座宫殿，这座小房子就缩成可怜的茅舍模样了……但是，只要近旁的宫殿以同样的或更大的程度扩大起来，那末较小房子的居住者就会在那四壁之内越发觉得不舒适，越发不满意，越发被人轻视。”① 社会稳定的文化方略，从本质上说涉及民

① 马克思恩格斯选集（第 1 卷）［M］. 北京：人民出版社，1995：349.

众的价值观念、意识思想，也涉及人们社会生产生活、精神生活等。马克思指出："物质生活的生产方式制约着整个社会生活、政治生活和精神生活的过程。不是人们的意识决定人们的存在，相反，是人们的社会存在决定人们的意识。"① 解决贫富差距问题，应该从历史和现实、国内和国际的角度，正确审视和解决民众物质和精神生活的重大理论问题和实际问题，深刻分析新形势下人民群众的物质与精神生活发生作用的基本特点及其客观环境，如果这些方面的问题能得以认识、得以处理，解决贫富差距就有了比较切合实际的基础。

当前之所以出现如此大的贫富差距，出现一些影响社会稳定的"事件"，原因可能就在于我国慈善文化的缺失，在于我国传统文化中有着"均富"论的思想，在于有些富人存在摆富心态、显富心理，也在于有些领导存在某种官僚主义文化。解决当前贫富差距的问题，切实关心民众的生存境遇，合理、及时解决民众诉求，疏导、预防在先，很多事件就不会发生，很多冲突、矛盾就可能被化解。毛泽东在《关于正确处理人民内部矛盾的问题》中提道："这些人闹事的直接原因，是有一些物质上的要求没有得到满足，而这些要求，有些是应当和可以解决的，有些是不适当的要求过高、一时还不能解决的。但是发生闹事的更重要的因素，还是领导上的官僚主义。"② 在西方，人们普遍认为，财富是带有原罪的；财富生不带来，死不带去，它从社会中来，应回到社会中去，把巨额财产留给后代继承，是一件比较羞耻的事情，所以西方国家民众捐赠成风，并且在西方文化中，宗教信仰中包含着财富观念。我国传统文化中虽然也存在着"天下为公""世界大同"等思想，但我国文化却更注重世代显赫、注重"光宗耀祖"，慈善文化在我国传统文化中是明显欠缺的，并且我国传统文化中含有"均富"论，"不患寡而患不均，不患贫而患不安"（《论语·季氏》），反对贫富差别过

① 马克思恩格斯选集（第1卷）[M]. 北京：人民出版社，1995：3.
② 毛泽东著作选读（下册）[M]. 北京：人民出版社，1986：791.

大，在现实生活中、在人们的观念思想文化中，人们都渴望均富。总之，解决贫富差距问题，实现社会稳定，要有战术规划，要有战略部署，要借助文化的力量。

4.2　腐败现象对社会稳定的影响及其文化因素

腐败破坏社会正义，损害社会风气，腐败现象影响社会的稳定，腐败是社会稳定的灾难，腐败现象也有着一定的文化因素。

4.2.1　腐败现象影响着社会的稳定

腐败的含义，在英语和汉语中基本一致，都是指事物的变质或者腐烂。《牛津高阶英汉双解词典》中“腐败”一词为“Corruption”，解释为“堕落；腐化；腐败；败坏；贿赂；腐烂”；《辞海》解释为腐烂或臭败；《辞源》解释为腐朽、陈旧、败坏或溃烂。从这些解释可知，腐败的含义主要是指物质性的腐烂。

当然由于人们的视角不同以及学术研究侧重点不同，学者们对腐败的定义也是千差万别。从政治学的视角看，“腐败就是政府官员为了谋取私利而滥用公共权力”①。从法学的视角看，腐败就是各级各类政府官员利用自己手中某种相应权力而谋取私利的一种违反法律的不法行为或违背社会道德的有害行为。从经济学的视角看，腐败就是一种权力寻租活动，这种权力寻租活动就是用比较少的贿赂成本获得超额利润或较高利益。如学者胡鞍钢就认为：当权力可以生产经济利益时，有人就会向掌握权力的各级官员支付租金以暂时租用其权力，以便获得较大的经济利益。而发生“寻租活动”即是腐败产生的根源，由于“寻租活动”可以间接或直接获取经济利益，这种定义揭示出利用权力进行的一种不

---

① [美] 塞缪尔·菲利普斯·亨廷顿．变化社会中的政治秩序 [M]．王冠华，刘为，等译，上海：三联书店出版，1988：54.

正当的利益交换。不管如何给腐败下何种定义，就其本质来说，腐败就是一种以权谋私的行为。

腐败是人们普遍都比较关注的热点问题，甚至许多人都觉得腐败是当前我国的首要社会问题。腐败是社会稳定的灾难，也是我国经济发展的拖累。腐败会削弱社会法制、破坏社会正义，也会影响经济决策，而这些对社会的繁荣和稳定至关重要。所以，腐败是社会不能容忍的行为。联合国近年来测算表明，每年因政府的腐败使全世界损失资金6000多亿美元。腐败已经成为不少国家领导人下台，执政党丧失政权的直接原因。可见，腐败是一种蜕变了的社会现象和行为，它给社会稳定的影响是消极的、负面的，甚至可以说是灾难性的。

腐败现象影响着社会的稳定，主要在于：

第一，消解政府的权威，影响着社会的稳定。国内外大量历史事件表明，腐败是导致政府丧失政权的重要因素。当政府组织内部腐败盛行时，权力就变成了满足政府工作人员个人私利的工具。由于腐败以谋取私利为目的，因此，腐败往往会使政府丧失凝聚力、向心力和战斗力，使政府丧失民心与权威，最后会导致政权倒台、社会混乱。“一旦腐败在政府组织内部蔓延，政府内部的权力竞争就不是通过政绩来实现，而是通过腐败的方式来达到，组织规则遭破坏，运行必然失范。”① 所以说腐败对于执政政府而言犹如一剂毒药，极有可能使其失去人民支持的基础，会使执政政府顷刻之间失去政权，导致社会的不稳定。

在社会的发展进步中，腐败会破坏国家的政治权威，破坏社会安定团结局面，激化和引发社会矛盾，蚕食政府统治基础，丑化政府的形象，消解政府的权威。腐败导致唯利是图、拉帮结派、任人唯亲、结党营私。腐败使得行政效率下降，导致形式主义、奢靡之风、享乐主义、命令主义、官僚主义。实现“中国梦”、实现民族复兴、国家富强，必

① 陈方勐．转型社会中的中国共产党［M］．北京：中央编译出版社，2010：239-240.

须科学发展，我国要自立于世界民族之林，需要社会的稳定，需要整合政治资源，需要高效、廉洁的政府，而政府的腐败现象与行为，必然会导致政权丧失、社会的不稳定。近年来，伴随着我国市场经济的发展与完善，我国在一些地方、一些领域存在着较为严重滥用权力的现象和行为，存在着侵犯民众的合法权益，致使各种矛盾冲突的爆发和各种社会矛盾的积累。

古今中外，多少政权和政党因腐败而灭亡和瓦解，无论对哪个政党和哪个国家因腐败而导致最悲惨的后果，莫过于亡国亡党。因政府倒台而引发的社会灾难和动乱，对于广大社会民众、对于国家的发展、对于社会的稳定，这些都是不幸的。

第二，破坏社会正义，影响社会稳定。正义公平在实现社会稳定的进程中具有非常重要的地位，正义、公平是支撑社会稳定的重要支柱。国家要长治久安，社会必须保持稳定。正义公平与社会稳定之间联系紧密，自从人类社会存在着正义与不正义、公平与不公平的社会现象以来，正义公平一直作为人类社会的崇高理想和最终价值。腐败是社会不公平、不正义的最直接体现。因腐败而导致社会民众的不满、抱怨累积到一定程度之后，很有可能会成为社会矛盾的导火线，破坏社会安定、稳定的局面，甚至有可能导致国家的动乱。因腐败是一种以权谋私行为，以权谋私行为显然是不当得利的行为，这种不当得利直接破坏着我国市场经济所坚持的按劳分配、等价交换的原则。以权谋私、以权谋利，权力成为践踏社会公平、正义原则时，成为破坏市场法则时，社会的公平、正义就不能建立起来，社会稳定也不可能得以实现。

腐败还会导致社会环境恶化、社会正义公平和良知的失落。当腐败盛行之后，它必然会破坏社会公正。腐败导致民众法律信念的淡漠，如果民众发现制定、执行法律的人员正在不断践踏和背叛法律，那么民众就不会相信法律，就不会有着坚定的法律信念。作为公平的正义本应是不受利益支配的，腐败会使人丧失其对社会正义的希望，会给民众带来较大的精神伤害。英国伟大的哲学家弗兰西斯·培根在《论法律》中提道："应该懂得，一次不公正的裁判，其恶果甚至超过十次犯罪。因为犯罪虽是冒犯法律——好比污染了水流，而不公正的审判则毁坏法律——好比污染了水源。"① 他又说："世间一切苦难之中，最大的苦难莫过于枉法。"② 腐败，必然成为恶人横行，强盗肆意的天堂，必然导致社会良知和正义的破坏。当然，腐败对社会危害远不止这些，腐败还会腐蚀行政和司法执法机关，破坏社会的公平、正义，影响着社会的稳定。

第三，损害社会风气，影响着社会的稳定。腐败助长人们对权力的崇拜，败坏社会风气，如果腐败盛行，那么有权就会有一切，衡量道德的标准就会变成权力的大小，人们就会盲目追求权力、崇拜权力。另外，腐败也导致自私的思想、利己的行为。拥有权力者会把有关政策的出台或制定当成谋取私利的手段或策略，把个人得失作为制定有关政策的前提。这些就必然会破坏社会主义核心价值体系，破坏党群、干群关系和谐，严重损害着社会风气，影响着社会的稳定。

腐败现象会导致社会道德水准的下降，严重败坏社会风气和社会环境。腐败会增加社会刑事犯罪，助长社会"仇富"心理；腐败会引起发展思路的混乱，破坏经济发展环境，等等。腐败削弱着人们自觉遵守道德的约束，会使人们产生冷漠、失落、消极、疑虑等不正常心态，失去人生目标和理想，信仰因腐败的泛滥而遭到无情破坏，腐败也降低了社会的凝聚力。当社会民众仅关心自身而对民族和国家前途漠不关心时，整个国家就会丧失去向心力、凝聚力。如果腐败现象大量存在，再加之受极端个人主义和拜金主义等错误认识的影响，社会民众就会以极端个人主义、功利价值观等作为自己行为选择的标准。

4.2.2　腐败现象的文化因素

人类进入阶级社会之后，人类就同腐败相伴相随。腐败正如社会的

① ［英］弗兰西斯·培根．人生论［M］．北京：中国友谊出版公司，2003：78.

② ［英］弗兰西斯·培根．人生论［M］．北京：中国友谊出版公司，2003：81.

毒瘤一样，是社会中的不稳定音符，也是实现中华民族伟大复兴、实现中国梦的阻力所在。唯物辩证法认为：事物的变化发展是外因和内因共同作用的结果，内因是事物变化发展的根据，外因是事物变化发展的条件，外因通过内因而起作用。腐败的产生也是社会大环境的外因与腐败分子自身的内因共同作用的结果。腐败现象的产生存在着多方面的原因，但不管怎样，腐败的发生一定有其文化因素的影响。文化是人类在生存发展过程中所逐渐形成的一种生存方式，一种价值系统，一种思想观念。人创造着文化，同样，文化也创造着人。从某种程度上可以说，每个人的所思所想、所作所为受其文化环境的影响。

分析腐败现象的文化因素，首先，腐败分子放弃世界观改造、不注重自身的思想文化建设。我国传统伦理价值观一直提倡修身、齐家、治国、平天下，修身一直在我国传统伦理中具有重要位置，其实我国传统伦理观的修身观念对于政府领导干部而言，具有很强的自我教育、自我警醒、自我管理、自我约束功能，对于官员为官有重要的指导价值。随着时代的变迁、社会的发展，这种修身观念渐渐被一些人所忽视。一些政府工作人员有着较为严重的“官本位”思想、观念，有“官本位”思想、观念的人往往会看重权力给自己带来的其他潜在利益。如果有此心态的人掌握权力，再加之放松自身的思想文化建设，忽视人生观、价值观、世界观的改造，就很容易产生腐败现象。其次，发生在我国的腐败行为有其根深蒂固、错综复杂的文化传统。我国历史上更多的是“人治”社会，是皇权政治，对社会的管理、国家的治理完全依赖于统治者的好恶与德操，我国历史上缺乏一种较为民主的公民文化或政治文化，统治者习惯于凭个人的意志统治国家、管理社会，民众习惯于听任超常权力的控制，习惯于专制的社会、习惯于逆来顺受，民众对权力的制约缺乏必要的监督意识、对反腐败斗争也缺乏应有的参与意识。再次，受我国一些传统人际关系文化和传统习俗文化的影响，我国某些习俗、某些人际关系在一定程度上也滋长了腐败现象的发生。不仅传统的风俗习惯和文化准则侵入了公共生活领域，而且人的道德也对腐败约束无力。诸如在人们的社会生活中，人们仍然时时处处都能感受到各种各样人情化的潜规则。某些腐败现象的发生可以说是人情化的一个体现，我国公共生活、裙带关系等产生的人情化现象也是腐败产生、腐败文化发展的一个重要因素。

4.3　生态恶化对社会稳定的影响及其文化因素

生态恶化与人类的活动紧密相关，生态恶化引发社会冲突，制约经济发展，生态恶化影响社会的稳定，生态恶化也有着一定的文化因素。

4.3.1　生态恶化影响着社会的稳定

生态不会因人类的存在而存在、人类的出现而出现。生态恶化，是相对于人类的生存与活动，才称之为恶化。没有人类的存在，再长久的干旱、再汹涌的洪水、再大的地震也会自然地消退，自然地发生，也就没有所谓的恶化。因此，“生态恶化”的概念，具有明显的属人性。

生态恶化与人类的活动紧密相关。其实，长久以来，大自然与人类一直是和谐相处的，湖泊透亮、山清水秀、空气清新、动物悠闲、草木旺盛，生态纯正、清晰，动物链、植物链合理。在我国，正是由于一部分人无限攫取的贪婪以及我国人口数量的恶性膨胀，人们对自然界不当利用、过度改造以及向大自然排放大量有害物质，如林木被滥伐，矿藏被滥采，各类野生动植物被大量捕杀，水资源被滥用，人类工业、生活产生大量有毒有害物质，废渣、废气、废水被随意堆弃与随意排放，以上种种都破坏着我国自然界本来的平衡与宁静，动物链、植物链被破坏，也破坏着人类与自然界本有的平衡、稳定状态，引发、加剧着我国生态的恶化。

生态恶化影响着社会的稳定，主要在于：

第一，引发社会冲突，影响社会稳定。各个国家在经历工业化进程中都不同程度面临着生态失衡和环境污染问题。我国正处于工业化过程中，同样面临着较为严重的生态自然环境恶化问题。我国的自然生态平衡已经受到较大破坏，自然生态环境问题已经较为严重，滥杀乱捕野生动物、污染河流湖泊、破坏植被、毁坏森林等行为时常屡禁不止。这些破坏自然生态环境现象如任其蔓延，不能给予有效的打击、不能得到有效的遏制，必然会导致人与自然、人与社会、人与人的矛盾，也必然影响着社会的稳定。正如胡锦涛同志曾指出："如果生态环境受到严重破坏、人们的生活环境恶化，如果资源能源供应紧张、经济发展与资源能源矛盾尖锐，人与人的和谐、人与社会的和谐是难以实现的。"① 同样，社会稳定也是难以实现的，因为生态环境恶化导致的环境问题会引发社会冲突，影响着社会的稳定。

第二，引发群体性事件，影响社会稳定。所谓国家生态安全"是指一个国家生存和发展所需的生态环境处于不受或少受破坏与威胁的状态，它与国防军事安全、经济安全同等重要，都是国家安全和社会稳定的一个重要组成部分"②。生态安全是国家政治、社会、经济安全的重要基础和保障。如果由于生态环境恶化引起大量民众的不满，必然会引发一系列群体性事件，也必然对社会的稳定造成影响。我国生态环境的基础很弱，人口多对我国生态环境造成较大的压力，传统以牺牲环境谋求发展的粗放型发展模式给我国生态环境已经造成了很大的破坏与冲击。大量事实表明，因生态环境恶化引发群体性事件对社会稳定破坏程度明显多于其他群体性事件对社会稳定的破坏程度。因生态环境恶化引发的群体事件中，有打砸抢烧、聚众滋事、聚众阻塞交通等过激行为的，有冲击、围堵政府机关及其要害部门的。一些地方忽视环境保护，片面追求经济增长，导致生态破坏和环境污染严重危害着民众的健康与利益，时常引发社会矛盾，因环境问题恶化而造成群体性事件逐渐增

① 胡锦涛．在省部级主要领导干部提高构建社会主义能力专题研讨班上的讲话［N］．人民日报，2005-6-27（2）．

② 新形势下社会稳定问题研究编委会．新形势下社会稳定问题研究［M］．济南：山东人民出版社，2002：574．

加，影响着社会的稳定。

第三，制约经济发展，影响社会稳定。工业化进程中对生态自然资源的肆意破坏，随意开发，生态失调、资源短缺、环境恶化，造成并扩大了人与自然之间的裂痕，生态恶化已成为危及人类生存和发展，必然要引起人类的高度重视。随着环境问题的日益凸显，世界各国的人们普遍意识到，环境问题不仅是一个由众多层面构成的社会问题，而且也是一个世界性的问题，是"世界问题复合体"①。生态环境问题是社会问题，是人口与资源问题，是经济问题，是政治问题，是文化问题。生态环境恶化问题，不仅仅是人的生态环境对人的发展有影响的问题，不仅仅是生态的问题，更是影响社会的发展与稳定的问题。我国的西部、北部地区的生态自然环境遭到较大破坏，其生态环境恶化主要表现之一就是沙尘暴频频袭击我国西北、华北、东北地区。大量资料表明，始于21世纪初，每到春季，我国西部、北部地区的沙尘暴更是愈演愈烈，这些地区的群众就饱受其侵害，生态环境恶化不仅严重制约着我国经济社会的发展，而且给百姓的生命财产带来巨大的损失。各种水污染、大气污染、水土流失等，不仅不同程度地对民众的生产生活产生影响，而且在很大程度上制约着经济健康可持续发展。生态环境的恶化，在一定程度上说，就在于没能处理好社会、自然、人类的协调发展，没能处理好社会、自然、人类的各种关系，是忽视了经济社会的可持续发展。例如，使水资源供需矛盾激化，严重的江河断流和水污染，给下游地区的社会经济发展造成影响，物种的大量消失和生物资源的过量消耗，削弱了生产原料的供给能力，不仅破坏了生态系统的稳定，更影响着社会的稳定。

4.3.2 生态恶化的文化因素

无论社会如何发展，人类都离不开大自然，都要依靠大自然。没有

① 潘岳．和谐社会与环境友好型社会［N］．科技日报，2006-7-7（1）．

自然的恩赐，人类甚至无以为生。人类所利用的任何能源以及食物都间接或直接取自于自然。人类是大自然的受惠者，也是大自然最大的破坏者。如果人类赖以生存的自然生态系统失衡，人类的生活也将难以为继，社会稳定也就难以实现。无论是民族振兴、国家富强，还是实现社会稳定，都需要自然与人关系的稳定。然而，对于不断加剧的生态危机，人们在认真的反思后慢慢认识到：正是由于人们自身的行为失范才造成自然环境恶化。人们或许认为：城市化以及工业化，人口膨胀等是自然生态恶化的直接原因。其实，人类面临的自然生态恶化本质的原因就是文化的危机。卢风在《启蒙之后——近代以来西方人价值追求的得与失》中指出生态危机的深层原因是文化上的原因，美国哲学家诺顿也认为生态危机实质上表现为人类文化观念的失误。生态危机的背后存在着人类文化观念的因素，正如西方国家主流文化所强调的观点：人是为了人类自身才去控制并征服自然。

长期以来，人们更多关注人的权利、人的利益，而忽视对自然界的保护、忽视自然界生态的平衡，只承认人类是权利主体，只有人类才是值得尊重的物种，自然界是权利客体，把人对自然的掠夺和征服看做理所当然的事。如果以人类的利益、人的需要、人的发展作为出发点和落脚点，不是以自然与人能否友好相处作为评价标准，这正如同“人类中心主义”一样。在人类中心主义者看来，自然界的一切都要服务人类，自然界是为了人类的存在而存在。评判自然界是否有价值的唯一尺度，就是自然界是否能满足人类的需要和发展、特别是能否满足当前人类的需要和发展。人是世界的主人，人类是整个生态系统的绝对中心。以人类中心主义价值观为指导最终忽视生态自然内在固有的价值，忽视人与自然的关系、人与人的关系、人与社会的关系，导致人类一系列极端自私的、利己的、狭隘的、短视的行为。人类中心主义价值观局限于人类的自身，不认可大自然的生命价值与内在尊严，缺乏善待大自然的宽广胸怀，因此往往导致人与自然关系的不和谐、导致自然界对人类的伤害。人类中心主义是对自然生态的曲解，当然其本身也是一种落后的文化现象。可见，文化不但影响着自然的发展，而且影响着人类社会，人类导致自然生态恶化的一些行为方式，其背后都有着文化的原因。

4.4 道德滑坡对社会稳定的影响及其文化因素

道德滑坡影响社会的稳定，道德滑坡也有着一定的文化因素，传统文化的断层以及由此带来的民族心灵信仰的迷茫等是道德滑坡的文化因素。

4.4.1 道德滑坡影响着社会的稳定

道德与法律和信仰并列，它是用来调节法律难以调节的人与社会、人与人之间关系的行为规范，它可以为人类社会阻止邪恶、维持社会必要秩序、实现社会稳定。道德作为一个总的概念，可以分为道德风气、道德评价、道德信念、道德准则、道德义务、道德责任、道德情感、道德素质、道德观念等方面的内容。

道德是与经济基础相伴相随的社会意识形态，它仅次于政治法律，人的经济生活的变迁以及社会经济领域的变化，都可以从社会道德状况上反映和表现出来。经济生活、经济状况、经济制度等的变化可以导致道德的变化，经济生活和经济制度的变化越大，最终会引起道德的剧烈变化。如果社会道德的变化太大、太剧烈，必然会引发整个社会道德失范以及整个社会关系和社会结构的不稳定。

道德主要以善与恶以及是否善恶的一系列标准来衡量人们的行为。道德在社会生活中主要是对人们的行为起着规范、限制和约束的作用，除了依靠舆论、习俗、德育、传统、慈悲、良心、教育等途径外，不能依靠其他的强制措施。要发挥道德的作用，就要依靠道德他律和道德自律两种。道德他律是指道德主体基于个人功利得失考虑，尤其是惧怕某种惩处和付出一定的代价，而不得不遵守，从而服从某种道德规范的要求和限制的行为状况；道德自律是指道德主体依靠内在的道德自觉，心甘情愿地遵守和服从一定的道德准则，没有任何功利得失的考虑。

总的来说，通常情况下可以将道德分为三种形态：家庭道德、职业道德和社会公德。有时也有人把道德分为“常德”“美德”和“圣德”三个层次。“常德”是最低层次的道德，是指每一个社会公民都应该遵守的最低要求、最起码的社会道德规范；美德是中间层次的道德，是指某些值得提倡的传统道德规范；而“圣德”道德的最高道德层次属于最高层次的道德，是指只有社会上极少数人“圣人”才可以达到的道德规范。

随着我国改革开放的实施，各式各样的外来思潮纷纷进入我国，在某些方面，当前我国民众的思想有时确实出现了某种“混乱”局面。甚至有人用精神扭曲、道德滑坡、信仰危机等来描绘我国当前道德的混乱状态。

道德滑坡影响着社会的稳定，主要在于：

第一，道德整体的滑坡，影响着社会的稳定。社会要进步，人类要生存，社会稳定是必要条件，而道德规范着人们的行为和生活，可以抑制混乱、鞭打邪恶、确保社会的稳定。此外，道德的状况如何通常是衡量社会文明的标准，是衡量人们幸福指数的指示器。不可想象，在一个道德环境恶劣的社会，人们能生活得多美好、多幸福；也无法想象，一个道德沦丧的社会能有正常的人际关系、良好的社会秩序和社会生活。诚然，道德对一个社会发展至关重要。人类社会最基本的秩序和格局是道德规范的，无论王朝如何更替、制度如何变革、社会如何变迁，人类最基本的道德秩序也必定是永远伴随人类、伴随社会。

第二，道德领域的混乱，影响着社会的稳定。我国社会正处于大发展大变革大繁荣的阶段，社会民众的思想要跟上新的发展形势往往需要一个过程，改革过程中的各种问题和市场经济各种负面影响也都会在民众心中产生着不小的冲击，以及封建传统思想的糟粕也还影响着人们。由于以上种种原因，我国少数民众甚至出现了“道德迷茫”和“道德真空”的状态。从一元社会到多元社会，从慢节奏社会到快节奏社会，从熟人社会到陌生人社会，从计划经济到市场经济，当前我国社会急剧变迁、政治和经济剧烈变化，以往一些道德体系的崩溃、坍塌和瓦解。在社会经济发展过程中，社会道德的无序和混乱及其所导致极少数人的迷茫与混乱，一定要引起重视，因为道德领域的“混乱”，影响着社会的稳定。

4.4.2 道德滑坡的文化因素

对于道德失范的原因、对于当前道德滑坡的现象，人们众说纷纭，有究于体制之议，有缘于市场经济之说……诚然，市场经济之说难以让人信服。世人皆知，发达的贸易、悠久的商业一直存在于我国的古代，我国古代照样成为“礼仪之邦”，西方国家市场经济存在了几百年，西方国家社会宗教道德、世风世俗等人性价值观没有发生某些本质性的变化。当然，目前道德滑坡、道德失范的原因是多方面的，完全归于“贪腐”等更是难以成立。

诚然，导致道德失范、道德滑坡最根本、最深刻的原因只有文化，只有文化的变化才会导致民众思想、价值、性格等方面的改变。诚然，我国传统文化几千年来一直影响了我国民众的人格、性格等，这种长期的影响至少可以归纳为两点：其一是对以“修身齐家治国平天下”为完美人格目标的追求；其二是在做人处事上坚守“仁义礼智信”等普世意义价值观，而伴随着数百年来我国传统文化的衰退，这些影响自然也就日渐式微。事实上，近代我国割裂自己的传统民族文化已有几百年之久。

因此，目前我国社会上出现的道德失落及“道德危机”反映出我国传统文化在现代文明中的衰落。自我国清末民初反传统后100多年以来，我国破坏传统文化所导致的严重后果在当前得以显现：传统文化道德价值观的濒临消失和拜金主义的乘虚而入，传统文化的断层以及由此带来的民族心灵信仰的迷茫——这是我国当前道德失落、道德失范的重要原因。

4.5　群体事件对社会稳定的影响及其文化因素

群体事件扰乱正常的社会秩序，影响我国经济、社会健康发展，群体事件影响社会的稳定，群体事件也有着一定的文化因素。

4.5.1　群体事件影响着社会的稳定

目前，我国正处于社会转型期，因改革开放使得我国社会从经济结构到社会结构，从人际关系到价值观念，从经济生活到精神生活，从生产方式到生活方式，无不经历着全面而深刻的历史变迁，发生着深刻的变化。这种全面而深刻的变化，一方面引起了各种社会冲突、社会矛盾、社会问题的突出显现，另一方面可以带来我国政治、经济、社会、文化的全面进步和发展。在此期间，我国社会基本保持着稳定，是黄金发展期和重要战略机遇期；同时，由于大量影响社会稳定的社会冲突、社会矛盾、社会问题的存在与出现，也使得此时期成为对敌斗争复杂期、群体性事件多发期、刑事犯罪高发期和人民内部矛盾凸显期。特别是近年来，由于社会存在的各种矛盾激化而导致的群体性事件大量发生，备受社会各界的关注。群体性事件是指由多人组织参与的，影响、冲击着正常的社会生产、生活秩序的事件。群体性事件中，有的群体性事件并不存在违法行为，但给人们的生活带来了影响，有的群体性事件存在着违法、违纪行为，危害着民众的人身安全，扰乱着社会的正常秩序等。受不同历史时期经济、政治、社会、文化等因素的影响，群体性事件的表现形态也在不断变化，“我国对群体性事件这一类社会事件的认识和界定也经历了一个逐步加深、不断发展的过程，在不同时期对这一类社会事件有着不同的称谓，其涵盖范围也不尽相同。就总体而言，群体性事件称谓的演变过程经历了一个从贬义词演变为中性词的过程。”① 一般

① 孙元明．当前国内群体性事件及其发展趋势研究［J］．江南社会学院学报，2008（03）：6.

来说，群体性事件往往突然爆发，并且参与人数众多、表现形式多变、形成原因复杂，其中一些态势复杂、规模较大的群体性事件严重影响着社会的秩序，严重影响我国经济社会健康发展，甚至严重影响社会的稳定。

群体事件影响着社会的稳定，主要在于：

第一，扰乱正常的社会秩序，影响社会的稳定。在群体性事件中，群体性事件往往会引起社会上许多民众的围观和参与，民众的大量聚集，必然会影响正常的交通，会影响人们的出行，这势必会严重影响人们的正常工作与生活，中断人们正常的生活和生产活动，使人们的正常生活受到破坏、使正常社会秩序得以干扰。尤其是有些群体性事件的组织者、参与者在组织、参谋、参与群体性事件之前，对聚集的地点、聚集的方式、聚集的时间等进行精心选择、详细预谋、巧妙安排，有的别有用心者故意选在机关党委、政府等重要部门闹事，有的别有用心者故意选在民众大量集中的场所闹事，有的别有用心者故意选择多个场所进行闹事，有的别有用心者故意拦截车辆、列车影响交通进行闹事，等等。总之，群体性事件客观上扰乱社会正常的秩序，严重影响着社会的稳定。

第二，丧失理智行为，影响着社会稳定。在群体性事件中，广大参与者直接的接触、交流，极易形成情绪的相互感染，引发情绪的共鸣，并且周围的群众会把对生活的不满情绪、对社会的不满情绪与此群体性事件联系起来，不满情绪会发泄到群体性事件中来。在群体性事件中，要是有人做出非理性的行为，参与群体性事件的其他民众也会跟着模仿，参与到非理性行为中来，有的参与者甚至会做出更过激、更不理性的行为，使得非理性行为进一步升级。如已发生的群体性事件中的非理性行为，有袭击执法人员的、有焚烧建筑物的、有打砸车辆的、有抢夺公私财物的、有攻击伤害无辜群众的。特别是对于那些规模较大、行为比较过激、持续时间较长的群体性事件，严重损害了参与此群体性事件群众的根本利益，也严重损害着广大民众的根本利益。由于目前我国社会矛盾的逐渐增多，群体性事件对社会冲突与矛盾往往起着不良的示范作用，一部分民众会积极模仿曾经发生过的群体性事件，组织策划相似的群体性事件，严重危害社会的稳定。在有些群体性事件中，可能是现实矛盾和历史宿仇交织在一起，常常反复发生，处理难度极大，对社会稳定产生着很大的影响。

4.5.2 群体事件的文化因素

文化是人类精神的产物，包括风俗习惯、思想观念、价值信仰、知识心理等诸多方面；文化支配着社会成员的行为方式，从某种程度上说，文化对社会成员的行为选择有着决定性的作用。应该说，群体事件的发生，与社会上存在着的法不责众文化和从众文化有着很大的关系。在群体事件中，法不责众的文化和从众文化起着推波助澜的作用。随着我国改革开放的深入发展、市场经济的不断健全完善，我国民众的维权意识、民主意识正在不断加强，但我国民众的法治意识还有待增强，尤其在我国特定的文化背景下，法不责众的文化还深刻影响着人们。很多人认为，当维护自身权力时，因为自己的权力是正当而合理的，所以维护自身权力的行为绝对是合理的、正义的，而参与行为的方式是否合适、合法则是次要的。众多群体事件的参与者往往会认为，事情是群体做的，责任处于分散状态，群体的众多说明个人的安全。在群体事件中，从众文化也起着重要的作用。同样的一个人，在社会生活中的群体表现与单独表现往往会表现出很大的不同，这种不同就是从众文化在起作用，从众文化是群体事件中参与者积极参与群体事件重要的文化因素。

另外，分析群体性事件产生的原因，可能是由于我国生产力的发展水平还比较落后，贫富差距过大，分配制度不够合理，民主法制不健全，腐败问题比较严重，群众法律意识的缺乏，思想文化领域的混乱，等等，所有这些，也说明我国行政文化、法律文化、公正文化、官僚文化等文化出现某些方面的问题。

4.6 宗教问题对社会稳定的影响及其文化因素

一些不法分子利用宗教从事各种非法破坏活动，影响着社会的稳定，宗教的教规、教义作为一种精神文化、思想文化，其本身也就是文化的体现。

4.6.1 宗教问题影响着社会的稳定

宗教的含义正如意识形态的含义一样，存在着见仁见智的现象，人们对此有着不同的理解。宗教，作为一种意识形态，其表现形式随着社会的发展而发展。宗教是国家得以形成、产生的重要因素，黑格尔曾在《历史哲学》中提道："国家是从宗教产生的……宗教的形式决定了国家的形式和宪法。后者确是从宗教产生的。"①，假如一定要弄清楚宗教的本质，那么，"只有到宗教的每个发展阶段的现成物质世界中去寻找这个本质"②。也就是说，宗教的本质是从物质世界中抽象地演绎出来的，宗教的本质与宗教所处的物质世界存在着必然的联系。同一宗教或者不同的宗教在不同的历史物质条件下所发挥的作用不同，表现形式也不同。目前在我国被较多人所接受宗教的概念，是由吕大吉给出的："宗教是关于超人间、超自然的一种社会意识，以及因此而对之表示信仰和崇拜的行为，是综合这种意识和行为并使之规范化、体制化的社会文化体系。"③ 从此定义可知，宗教由宗教行为、宗教意识、宗教情感和宗教信仰等众多要素所构成。宗教不仅仅属于意识形态体系，宗教也属于社会文化体系。作为一种复杂的社会文化体系，宗教不仅包含有关神学的内容，而且包含着伦理道德、迷信艺术、社会民俗、哲学思想等内容，所有这些内容与广大信仰宗教民众的社会生活存在紧密的联系。

---

① 马克思恩格斯全集（第3卷）[M]. 北京：人民出版社，1995：170.
② 马克思恩格斯全集（第3卷）[M]. 北京：人民出版社，1995：170.
③ 吕大吉. 宗教学纲要 [M]. 北京：高等教育出版社，2003：37.

可见，社会文化与宗教文化相互联系、相互影响、相互促进。宗教具有文化继承性和社会适应性，其分布广泛，历史漫长，思想丰富，表现复杂。宗教有一种超越世俗的力量，它不仅可以使人们化解矛盾，传达友好消息，达成共识，而且在当今的政治、经济、社会等领域，宗教也是一个极其重要的因素，它对世界各国的政治稳定、民族振兴、经济发展等发挥着重要的作用。在处理一些冲突和矛盾时，可以利用宗教的力量。宗教是一种客观存在的历史现象，是人们社会生活的一个重要组成部分，也是人类社会不可缺少的一种文化现象，要实现社会的稳定发展，就必须正确、合理处理好社会与宗教的关系。

在我国，一些不法分子往往利用宗教从事各种非法破坏活动，影响着我国社会的稳定。

宗教问题影响着社会的稳定，主要在于：

第一，利用宗教进行分裂活动，影响社会的稳定。随着东欧剧变、苏联解体，受国内国际反华势力影响和支持，分裂破坏分子在我国境内，以暴力恐怖为主要手段制造各种分裂破坏活动。

第二，利用宗教进行非法活动，影响社会的稳定。在西藏、新疆等地区，由于宗教、民族问题较为复杂，一些不法分子往往利用一些宗教信众对宗教的崇拜之心、敬仰之情，别有用心、精心预谋的组织、策划各种非法破坏活动，影响民族团结、破坏地区稳定；有些违法分子利用宗教矛盾问题，离间挑拨群众，夸大矛盾，制造暴力事件；有些不法分子借用宗教极端势力、民族分裂分子，从事打、砸、抢、烧等暴力破坏活动；这些丧尽天良的违法犯罪活动，不仅给当地造成了重大的财产损失，而且也带来了极坏的社会影响，影响着社会的稳定。

4.6.2　宗教问题的文化因素

文化作为人类创造性的活动，作为人类一种生存方式，时时处处都在影响着人们的生活。文化和宗教存在着紧密的联系，文化和宗教是同生共长、彼此渗透的。正因为宗教和文化彼此渗透、相互联系，所以人们常说：宗教文化性或者文化宗教性。宗教问题就是文化的问题，宗教在其历史发展过程中，借鉴吸收了不同时代的社会精神生活的一些成果，总是反映着人与人、人与社会、人与自然的各种关系，总是包含着丰富的文化科学知识内容。宗教不仅是一种社会意识形态，而且是一种社会文化，它蕴含着的丰富文化科学知识，是我国民族文化的重要组成部分。

宗教既有关于处理人与自然、人与社会、人与人关系的内容，也有关于处理人与“上帝”关系的内容；既有环境生态内容，也有社会内容，既有政治内容，也有家庭方面内容，等等。宗教的内容主要是通过各种戒律来得以体现，什么样的宗教就有什么样的内容，宗教的某些内容可以引导人们弃恶从善，有些极端的宗教内容则引导人们弃善从恶。如佛教倡导人们向善，强调慈悲济世；基督教主张要有博爱，要会恩慈，凡事包容；伊斯兰教主张的“当孝敬父母，当优待亲戚，当怜恤孤儿，当救济贫民，当亲爱近邻、远邻和伴侣，当款待旅客”①；道教是中华文化的重要内涵，道教在漫长的历史发展中，积淀了深厚的文化底蕴，它倡导无执于世俗功名利禄等，以上宗教所主张的教义都是利于社会发展和稳定的。正是因我国文化与各宗教文化能相互融合，才使我国文化呈现出多样性，推动了我国文化的发展。宗教作为人类社会发展过程中所形成、积淀的一种文化，它可以规范、影响着社会部分民众的行为方式和价值取向。

“宗教观念的实质就是满足人们追求无限的心理需要，宗教的基本意义在于满足人的终极关怀。”② 宗教的教规、教义作为一种精神文化，它能给无助的人们以帮助，给心理失衡的人们以调节，给绝望的人们以寄托，也能给苦难的人们以安慰，满足着人们精神世界的需要。教义、教规影响着一些人的世界观、价值观、人生观，也是思想文化的一种体

---

① 古兰经. 第4章第36节.

② 黄海德. 宗教与文化 [M]. 北京：社会科学文献出版社，2005：18.

现。宗教作为一种文化必然有一定的载体，任何宗教的载体都蕴涵着某种文化的内容。从某种程度上说，宗教本身就是文化的一种，不管是宗教所附属的载体还是宗教教义教规中的思想，其本身就是一定文化的体现。

4.7　心理失衡对社会稳定的影响及其文化因素

心理失衡危害安定健康的社会生活，引发狭隘的社会心态，破坏社会风气，心理失衡影响社会的稳定，心理失衡也有着一定的文化因素。

4.7.1　心理失衡影响着社会的稳定

我国自 1978 年以来开展的改革开放，是一场从根本上改变着人们社会生活方式、经济发展模式等的重大改革。这场改革，是传统的消解和现代性的生成过程，是由传统社会向现代社会的过渡，典型地体现为我国由封闭性社会向开放性社会、由农业社会向工业社会、由计划配置资源向市场配置资源的转变过程。当前我国社会处于转型期，由于我国社会转型是深刻的、全面的、整体性的社会变革过程，它深刻影响着我国政治、经济、文化等诸多领域，也深刻影响着我国民众的社会心理，甚至深刻影响着我国社会意识形态等诸多方面。我国社会转型期，不仅意味着人们的生活方式、价值观念、心理结构等方面的变化，也意味着社会系统内在结构的变迁、经济体制的转型。而经济体制的转型，必然导致社会成员利益格局失衡，而失衡的利益格局会导致社会民众的心理冲突，导致民众的心理失衡，特别是利益格局的失衡会导致社会民众的心理冲突和不公平心理，致使心理失衡。

美国心理学家亚当斯认为："一个人对自己所得的报酬是否满意取决于他与他人进行的社会比较和与自己进行的历史比较所得的相对值。如果比较结果被认为是合理的，人们就容易达到一种心理的自然平衡，相反就产生不公平感，心理产生失衡。”① 因改革带来的一系列社会问题，诸如贫富差距过多、社会分配不公、经济犯罪猖獗等，加之某些社会舆论的消极诱导，民众如果不能正确把握，心理就会失去平衡。在利益格局严重失衡时，如果不能很好地处理社会民众的不公平心理，就会出现仇富仇官现象、违法违纪行为、群体事件等。任何社会问题的产生，一定是其社会心理状态的反应，因此，对我国社会民众的心理失衡问题应引起高度重视。

心理失衡影响着社会的稳定，主要在于：

第一，破坏社会风气，影响社会稳定。“人的心理是由认识、情感、意志等心理过程和能力、气质、性格等个性倾向组成。人们由于自然素质和生活实践的差异，其心理过程和个性心理的品质也不尽相同。”② 在正常的社会生活中，人们会形成正常的社会心理。如果人们不正常的社会心理一旦形成，就会破坏人们正常的心理结构，进而会产生危险的社会行为，危害着社会的稳定。当平等互助、团结友爱、诚信友爱等健康的社会心理受到社会成员多数所认同，便会形成和谐、温馨、良好的社会风气。反之，当一部分民众形成消极、阴暗的思想观念与情绪意志时，这部分民众就会出现心理失衡，会形成不良的社会舆论，进而会产生不利于社会稳定的行为。当前，由于社会分配不公、利益格局失衡等因素的影响，导致了部分民众心理状态的失衡。目前，我国社会风气在某些方面存在着一些不良的现象，分析其原因，和一部分民众的心理失衡有较大的关系。当民众的心理失衡时，闹事之风就会屡禁不止，发泄之风就会时有发生，奢靡之风就会不胫而走，浮躁之风就会此起彼伏，欺诈贪腐之风就会应运而生。心安则国安，心治则国治，社会稳定的关键是社会民众心理的稳定。这是千古不变的真理，是治理

① 王培刚．当前各社会阶层对贫富差距状况的动态认知研究［J］．社会科学研究，2008（6）：116.

② 西林．社会文化心理与维护社会稳定［J］．新疆社科论坛，2003（5）：14.

国家、实现社会稳定的宝贵经验。

第二，引发狭隘的社会心态，影响社会的稳定。我国改革开放 40 多年，我国发生了翻天覆地的变化。但随着贫富差距的扩大、利益格局的调整，人们原来心理的平衡被打破，原有既得利益的社会群体或获利较少的群体产生了严重的心理失衡现象，出现了狭隘的社会心态。一般来说，利益失衡导致心理失衡，心理失衡会产生狭隘的社会心态，而社会的弱势群体是其主要的利益失衡者，可以说，所谓心理失衡，主要是弱势群体的心理失衡，社会稳定与其民众心理状态存在着必然的联系，不同社会阶层的民众存在着各不相同的文化心理。豁达宽容、友爱互助等社会心理是实现社会稳定的重要基础。如果社会民众的这种极端、狭隘的负面属性不能得到有效、合理的疏通，社会民众会产生狭隘与极端的心理冲突，会产生狭隘的社会心态，会造成民众之间的分离与敌视，它就会被国内外的敌对势力所利用，煽动社会动乱，破坏社会稳定。近些年东欧、中亚发生的“颜色革命”说明了心理失衡容易引发狭隘的社会心态，而狭隘的社会心态容易被国内外敌对势力所利用、所操纵，造成社会动荡，影响社会的稳定。

第三，危害安定健康的社会生活，影响社会的稳定。心理失衡往往会容易引发烦躁焦虑、狭隘抑郁、偏激固执、自大狂妄等心理疾病，影响着人们的生活，影响着社会的发展。近年来，大量民众出现的焦虑不安、狭隘偏激、情绪低落、极端固执等心理和行为，有很多是由于心理失衡而引起。心理失衡如不能及时解决、合理矫正，不仅会影响人们的身心健康，甚至会产生报复社会、仇富仇官等心理，产生危害公众利益的各种刑事犯罪活动，危害着人们安定健康的社会生活，影响社会的稳定。

4.7.2　心理失衡的文化因素

一直以来，人们奉行和倡导着集体主义的价值文化观，集体主义价值文化观一直影响、规范着人们的思想和行为。长期以来，在我国，集体主义价值文化观影响着人们的思想和行为，当然，集体主义价值观以其特有的合理性和号召力给转型期社会人们价值观念以巨大的冲击和影响。集体主义价值观是整个社会价值体系的一个重要组成部分，也仍然是一部分人在转型时期的价值追求。然而，伴随着西方价值观念的侵入，加之社会转型而出现的个人利益的凸现，利益格局的失衡，社会上部分人出现了极端利己主义的价值观，也出现了个人至上的价值文化观，也出现了唯钱是求、金钱至上的价值文化观，出现了“人不为己，天诛地灭”的人生信条，也出现了“人人为我，我为人人”的生活准则。

人们的价值世界日益出现紊乱，理想的公平正义、理想的利益均等与现实利益格局的失衡，从而导致心理失衡。由于文化心理同时容纳了理想的利益均等和社会现实带来的利益格局失衡，使个人和社会陷入一种理性的失落状态，理想的价值文化体系支离破碎，给人们的心理造成极大的落差。所以说，心理失衡也是价值文化体系的一种表现。

4.8 国内外敌对势力对社会稳定的影响及其文化因素

国内外敌对势力利用暴力恐怖，利用和平演变，破坏我国的民族团结，影响我国社会的稳定，国内外敌对势力也有着一定的文化因素。

4.8.1 国内外敌对势力影响着社会的稳定

一直以来，以美国为首的国际敌对势力将我国当成“最大的威胁”和“潜在的战略对手”，总是利用各种手段、采取多种途径不断对我国采取所谓“分化”和“西化”战略，对我国采取所谓“人权外交”的攻势，积极扶持境内外敌对势力，丑化我国的国际形象，破坏我国的社会和政治稳定，大力扶持各种国内外敌对势力对我国进行颠覆破坏活动。国际敌对势力大力扶持、豢养和收罗从大陆叛逃的所谓“政治流亡者”，积极支持所谓“民运分子”发展和扩大组织，支持他们对我国进行各种颠覆破坏活动。国际敌对势力竭力支持一些民族分裂分子对我国进行破坏民族团结、分裂祖国的活动，纵容民族分裂分子在我国少数民族地区制造暴乱和动乱，并为其提供庇护场所和活动经费。就连“法轮功”这样一个反科学、反社会、残害生命和反人类的极端邪教组织，国际敌对势力都积极加以扶持。大量事实表明，国际敌对势力以达到颠覆我国制度的目的不会改变，企图搞垮我国的战略图谋不会改变，他们总是极力想把我国纳入资本主义的世界体系之中。任何时候都不能对国际敌对势力抱有幻想，都不可天真，对西方敌对势力的“分化”“西化”图谋和“和平演变”战略，必须时刻高度警觉和有着清醒认识，我国与国际敌对势力的斗争将是艰巨的、长期的，有时甚至是激烈的、尖锐的。

国内外敌对势力影响着社会的稳定，主要在于：

第一，利用和平演变，影响社会稳定。改革开放是世界历史发展潮流，我国改革开放，参与世界、走进世界的进程，也是我国日益强大和快速崛起的过程，世界各国也都希望我国以一个大国的身份走进世界，不能将我国孤立于世界之外，但西方国家绝不会希望我国强大。所以，对于我国的发展，西方国际敌对势力更多地采取打压政策，可当在军事上、政治上、科技上、经济上遏制我国的图谋逐渐失败之后，又想通过文化的手段来对我国进行和平演变，试图以西方多党制、民主、自由等价值观的推行来改变我国的主流文化，搞乱我国民众的思想，使我国社会稳定失去思想保证和基础，进而实现“不战而胜”的目标。国际敌对势力国家还把和平演变政策与对“法轮功分子”等的扶持结合起来，直接干涉我国的内政，破坏我国社会的稳定。

第二，利用暴力恐怖，影响社会稳定。历史反复证明，民族团结、社会安定则百业兴旺、政通人和；反之，人心不稳、社会动乱，则人民遭殃、发展停滞。没有基本的社会稳定，哪里能有人民的幸福，更谈不上社会经济发展，这是一个千古不变的真理，稳定压倒一切，社会稳定是我国发展繁荣的根本所在，是我国各族人民的最高利益所在。境内外各种敌对势力破坏我国社会稳定之心不死，分裂我国之心没变，颠覆我国之心没改；我国面临的破坏与反破坏、分裂与反分裂、颠覆与反颠覆斗争是尖锐的、复杂的、长期的，有时可能是很激烈的。境内外敌对势力长期采取各种恐怖暴力来破坏我国的民族团结、影响我国的社会稳定。

4.8.2　国内外敌对势力的文化因素

文化是一个民族立于世界民族之林的最基本条件，是一个民族的灵魂，文化具有最大的凝聚力和亲和力。国际敌对势力利用和平演变、暴力恐怖等手段也体现着“文化霸权主义”的本质。国际敌对势力不管是采用暴力恐怖，还是利用和平演变，其本质都是利用文化渗透，想逐步将我国民众变成西方文化和西方政治制度的崇拜者，而使他们对我国的优秀传统文化、我国的社会制度等产生排斥、疏远与怀疑，从而改变我国民众的思维方式、思想观念等，弱化其民族凝聚力、民族自豪感、自信心和民族认同感。国际敌对势力往往利用全球化的机会，运用各种高科技传媒，宣传“新干涉主义”“文明冲突论”“人权高于主权论”“西方政治文明优越论”以及生活西方化、领土分治化、军队非党化、经济私有化、政治多元化。

当前，西方文化目前在世界文化领域中处于强势文化的地位。特别是随着英语成为世界性的语言，电脑、网络的普及，西方国家的价值观、道德观、交往方式、生活方式已经被一少部分人特别是少数年轻人由感性欣赏变成了主动追求，西方文化已经渗透到极少数人的价值观念、思想体系之中。文化可以继承、可以广为流传，西方国家的文化在某些方面对我国民众加以消极影响，这无疑削弱了我国主流文化的向心力、凝聚力和影响力，不利于我国社会的稳定。

4.9　谣言对社会稳定的影响及其文化因素

谣言扰乱社会秩序，诋毁政府形象，影响社会的稳定，谣言也有着一定的文化因素，民众存在着宁可信其有、不可信其无的文化心态，弱势群体的不平衡的心态等是谣言产生的文化因素。

4.9.1　谣言影响着社会的稳定

谣言是一种最为古老的大众传播形式，但即使社会发展到现代大众媒介阶段，谣言依然无法被人们消灭，甚至谣言对社会造成的危害更大。谣言传递的消息，可以引发社会动荡，在一定条件下甚至可以导致对抗、战争，因此，人们一定要对谣言准确的加以认识。所谓谣言，就是造谣者为了达到某些目的和动机，发布缺乏事实根据甚至是故意、恶意捏造的社会虚假信息，并且让这些虚假信息在社会上广泛传播。谣言是对某些人、对某些事、对某些社会事件尤其是某些政治性事件的一种不确切甚至完全虚假信息的捏造和传播。谣言作为一种信息交流过程，谣言既是信息扩散过程的产物，同时也是这一信息扩散的过程。并且谣言会尽力使人相信，谣言时常出现在人们的生活中，具有很大的社会危害性，因而善良正直的人们常常对此感到愤怒、困惑，迫切要求粉碎和战胜谣言。谣言在传播过程中，往往会对其真实性提供某些相关的证明，比如“据某某权威人士说”“据可靠消息”等，所有这些所谓“相关证明”进一步扩大了谣言的危害程度。

当前，我国社会大众对贪污腐败、利益调整、分配不均、公权滥用、环境污染、贫富悬殊等现象深恶痛绝。谣言正是利用这种社会现象和社会心理，捏造、扭曲、夸大相关事件，误导社会大众。有些谣言诋毁我国政府形象，影响极坏。

谣言影响着社会的稳定，主要在于：

第一，扰乱社会秩序，影响社会稳定。毋庸讳言，在现实生活中，谣言总会“不知不觉”地出现在人们的面前。谣言迅速而大范围的传播，往往会在社会中引起惊涛骇浪，常常会摧毁社会信任、削弱社会凝聚力、破坏正常的社会秩序、撕裂社会团结，进而干扰社会的良性运行和协调发展，特别是在信息化社会，谣言很容易滋生、传播，也很容易被那些别有用心的人所操控和利用，造成严重的社会后果，深刻影响着社会的稳定。

第二，诋毁政府形象，影响社会稳定。我国改革开放的不断深入使得利益格局正在深刻调整，社会结构正在深刻改变，思想观念正在深刻变化，各种社会矛盾时有发生。当前，由于社会上一定程度上存在着“仇富仇官”心理，只要有涉及政府官员的负面新闻出现，都会被快速扩散，产生多米诺骨牌效应，甚至被社会别有用心者利用，形成绝对压倒性的舆论声势。网络传媒经常出现诋毁政府官员的谣言，受到这些谣言的威胁和侵害，不仅严重影响了党和政府领导干部的声誉，严重影响到国家的政治安全，而且危害着社会的稳定。

4.9.2 谣言的文化因素

我国正处于社会转型期，出现了一系列的社会矛盾，这些社会矛盾为谣言的产生、扩散创造了文化的环境。谣言扩散的背后常隐藏着社会民众某种的情绪。当前，我国各种社会矛盾重叠交织，各种利益诉求多元，民众普遍存在着宁可信其有、不可信其无的文化心态，更何况当谣言触及社会上一些人的负面情绪时，往往会引发不满情绪的共鸣。处于情绪发泄状态的人们，并不关心所见所闻是否客观存在、是否真实可靠，只是想参与谣言的扩散、传播，来达到发泄自己的某些不良情绪的目的。有好多事件发生后，立即就有谣言说这些事件存在着“权钱交易”等各种各样谣言。诚然，随着我国经济、社会的不断发展，社会上出现了许多的弱势群体，这些弱势群体不可避免地产生了很大的心理落差，这些弱势群体在生活水平、经济条件、竞争机会等都处于劣势的状态，从而产生了不平衡的心态，其精神家园、思想文化等出现问题。

第 5 章　社会稳定文化方略的条件分析

在社会稳定文化方略的条件中，有些文化因素利于社会稳定，有些文化因素不利于社会稳定，利于社会稳定的文化因素应加以引导和利用，不利于社会于稳定的文化因素应尽量克服和避免，并且物质条件、政治条件、社会条件等是社会稳定文化方略的重要基础。

5.1　有利社会稳定的文化因素

文化是具体的，是现实的，也是历史的，当下的中国，相比以往任何历史时期，有着利于社会稳定的文化条件。

5.1.1　文化自觉有利社会稳定

“所谓文化自觉，是指生活在一定文化中的人对其文化有‘自知之明’，明白它的来历，形成过程，所具的特色和它的发展趋向。”① 做到文化自觉，就必须了解文化的内涵，清楚文化的价值，就应认识自己的文化、了解自己的文化。文化是具体的，也是历史的，更是现实的，文化服务人的需要、实现人的发展，文化的价值在于如何更好地服务于人类、如何更好地实现人的全面发展、如何更好地实现社会稳定。人们

① 费孝通．反思·对话·文化自觉［J］．北京大学学报（哲学社会科学版），1997（3）：22.

所期盼的一种文化自觉状态，也必然是在服务于人、实现社会稳定的目标中寻求立足点。

文化自觉是人类特有的精神力量，是人类对社会文明发展与进步的不懈追求和不断探索，也是文化大发展、大繁荣的首要条件。人类的发展史表明，人类的觉悟最先始于文化的觉悟，人类的创造最先始于文化的创造。在一定程度上，文化自觉的程度决定着国家富强的程度、人民幸福的程度，也决定着文化繁荣的程度、社会稳定的程度。也就是说，国家富强、社会稳定、文化繁荣需要高度的文化自觉。因此，文化自觉对于社会稳定而言，具有重要的作用。如果对文化发展重视程度不够或者对文化发展规律了解不够，那么文化也就难以发展，文化也难以发挥实现社会稳定的作用。文化自觉，贵在自我更新，贵在自省，贵在自知之明。文化自觉就是对新文化的构想和对旧文化的思考，是实现社会稳定的精神基础、内在要求，是文化发展、的动力，是在一定的理想文化确立以后对现实文化的全面审视，是对文化内在张力与矛盾的理论表达，文化自觉，有利于社会的稳定。文化自觉注重文化的价值，重视认识自身文化，了解世界文化，基于对自身文化的了解、对世界文化的认识，再来对文化进行理性、客观、合理选择。文化自觉特别注重借鉴别国文化、吸收传统文化，但借鉴与吸收不是复制，而是复兴，不是复古、复旧，而是创造、创新，不是为了照抄照搬传统文化、别国文化，而是“为了加强对文化转型的自主能力，取得适应新环境、新时代文化选择的自主地位”①。我国是有着文化自觉的国家，我国5000多年的灿烂文化史在一定程度上也是文化自觉的历史。党的十七届六中全会提出要“深化文化体制改革 、推动社会主义文化大发展大繁荣，进一步兴起社会主义文化建设新高潮”。这是我国站在全局、战略的高度，立足当前文化、总结过去文化、部署将来文化发展，体现了我国是具有高

① 费孝通．跨文化的“席明纳”——人文价值再思考之二［J］．读书，1997（10）：4.

度文化自觉的国家。

5.1.2 文化自信有利社会稳定

文化的发展与进步具有累积性和延续性，新文化的产生离不开原来文化的积淀。传统文化所蕴含的行为准则、价值观念、思维方式，无处不在、无时不在制约、影响着当前的人们，为人们创造新的文化、为文化发展提供现实的基础和历史的根据。“文化自信，是一种对自身文化理念的认同和发展的信心。”① 因此，文化自信，也就是对中华文化生命力的坚定信念和对我国自身文化价值的充分肯定。社会稳定的文化方略，既要发扬和继承我国的优秀传统文化，也要吸收借鉴外来文化的精华；既要注重自身文化的交融、交流，也要注重外来文化的交融和交流；既要看到外来文化的糟粕和精华，也要看到自己的文化的糟粕和精华。在处理外国文化和本国文化时应有健康积极的心态，不能妄自菲薄，也不能妄自尊大。

我国在 5000 多年历史发展的长河中，形成了优秀的历史文化传统，积累了博大丰富的文化遗产。“中华文化源远流长，积淀着中华民族最深层的精神追求，代表着中华民族独特的精神标识，为中华民族生生不息、发展壮大提供了丰厚滋养。”② 我国勤劳而伟大的人民在长期的社会生活生产实践中形成了优秀的文化传统，创造了辉煌灿烂的中华文化。人们常用八个字形容我国文化：博大精深，源远流长。我国文明绵延不绝的历史说明我国文化具有内在的活力与顽强的生命力。发展先进文化，要对传统文化中的精华予以弘扬继承，特别是要弘扬继承那些具有世界性价值的资源。我国文化是我国各民族的血脉和灵魂，是我国人民携手发展、和睦相处的共同精神家园，是维系国家统一和民族团结的

---

① 云杉．文化自觉 文化自信 文化自强——对繁荣发展特色社会主义文化的思考（中）［J］．红旗文摘，2010（16）：4.

② 国务院新闻办公室会同中央文献研究室，中国外文局．习近平谈治国理政［M］．北京：外文出版社，2014：164.

精神纽带。文化发展的过程，也是在继承我国优秀传统文化的基础上进行文化创新的过程。优秀的文化传统和文化资源是探寻社会稳定文化方略的前提条件和重要基础，离开了对我国优秀传统文化的坚守、弘扬和发展，探寻社会稳定的文化方略，必将会是无本之木、无源之水。只有弘扬优秀传统文化，坚守本国的具体实际，才能不断凝聚文化的力量，才能不断迸发文化的活力。只有在充分了解、理解我国文化的发展前景和独特优势，才能以更宽容的态度吸收全世界的优秀文化，才能真正地建立起文化自信，才能更好地促进我国文化的发展和创新、传承和进步，也才能在确保社会稳定的基础上，坚持文化追求和文化信念，促进文化的发展。有着5000多年的悠久中华民族历史，有着许多珍贵和令世界自豪的优秀文化，我国优秀传统文化为我国文化的发展提供着坚实而丰富资源的基础，也为我国文化自信提供了基础，同样，文化自信也为社会稳定创造有利条件。

我国优秀传统文化是我国民众提升精神境界、塑造健全人格的重要依据。目前从全球看，整个物质文明得到快速发展，精神文明也得到很大进步。总体来讲，整个世界是安定的、整个社会是稳定的，世界上的人们也有着积极健康向上的精神面貌，但不可否认，随着社会的发展，也出现了不少负面的东西。随着全球化的进程日益加快，西方文化传入我国，致使我国传统文化遭到前所未有的冲击，人们的生活方式、思维方式、道德观念、思想观念等诸多方面都受到了考验，不同程度地出现价值混乱、理想失落、道德滑坡的现象，人们的精神世界正承受前所未有的压力。如何培育健全的心灵、如何修养心性成为了当今时代必须面对的课题。我国传统文化特别重视培育健全的心灵，重视协调人与自然之间、人与社会之间、人与人之间的关系。做一个有理想、有志向、有责任感、使命感的人，做一个有修养的人，做一个脱离了低级趣味的人，做一个有道德的高尚的人，这一直是我国传统文化对人们的要求。我国传统文化具有的重要价值，对于人们树立正确的价值观念，对于弥补西方现代带来的弊病，解决西方文明发展的困境，改善当前我国社会的道德风气等都具有重要的作用。我国传统文化所坚持正确的价值取向，激励着人们自觉地维护社会的稳定。

5.1.3　文化交往有利社会稳定

作为人类社会的文化是一种现实存在，人类的存在，文化也得以存在，人类的发展，文化也得以发展。交往作为人类所特有的一种活动方式和存在方式，伴随着人类社会发展的全过程，贯穿于人类社会生活的各方面。黑格尔曾说：文化“不是一块不动的石头，而是生命洋溢的，有如一道洪流，离开它的源头愈远，它就膨胀得愈大”①。人类产生之时，人类的交往也随之开始，人类的发展与进步、人类的生产与生活离不开交往。在人类不断发展与进步的过程中，文化也得以不断积淀，文化内涵也不断丰富。交往是人类社会产生的前提，与社会同在的文化则因交往而不断发展、不断丰富，文化交往以其文化作为信息媒介实现着各个不同群体或者不同个体相互之间的互动与交流，因互动与交流所发生的相互作用，不仅会使不同群体与不同个体的内涵得以丰富，而且使得文化得以发展。文化交往是人类自身与外部世界的联系，是动态的相互联系过程，这种动态的联系不仅表现为不同文化体系本身处于不断变化发展之中，而且不同文化体系之外的外部条件也处于不断变化和发展之中，并且动态联系又贯穿于不同群体或者不同个体行为的全过程。社会稳定的文化方略就要关注、注重文化交往。文化交往作为一种人类社会实践的过程，是一个不断发展、不断进步的过程，是一个实现无限可能的超越活动，这个过程意味着人类向未来迈进，向世界开放，而且最终达到人类与世界的协调发展，甚至实现人与人、人与社会、人与自然的完美共存，也利于社会稳定的实现。

当然，人类社会是多种文化并存的社会，也是多种文化竞争的社会。各个不同的群体或者个体都有着各自不同的文化，并且在文化的交

① ［德］黑格尔．哲学史讲演录（第 1 卷）［M］．北京：商务印书馆，1959：8.

往中实践着与其他文化的了解、接触和解读，相互比较后，一定会体现出不同文化体系的群体或者个体之间的差异。正由于存在差异，才使得不同文化体系之间的交往成为必要，文化交往本身就为不同文化体系之间的相互借鉴、尊重和认同提供着可能。文化交往实现着对本文化与他文化合理整合的无限超越以及最终达到融入世界文化的共同理想境界。文化交往存在的根本原因应当追溯到人类对世界探索、理解、发展和认识的需要，文化交往随着人类社会历史的发展而不断地发展。随着我国改革开放的深入，当文化交往正在成为我国社会一种日益普遍的社会现象，并且在处于全球化浪潮的当今时代，不同的民族、不同的文化不可能对全球化的潮流无动于衷。文化交往的特殊作用就在于用润物无声、潜移默化、容易接受的方式影响甚至征服他者，在不动声色中以无形之手实现着文化的发展、促进着社会的稳定。

5.2 不利社会稳定的文化因素

文化，从产生，到发展，都遵循着文化自身的发展规律。总体上讲，我国有着有利于社会稳定的文化因素，但当前，也客观上存在着不利社会稳定的文化因素。

5.2.1 道德失范不利社会稳定

为了调节好人与社会、人与人、人与自然之间的关系，就必须要求人们在社会生活中自觉遵循一定的道德规范或行为准则。道德规范是人们判断正义和非正义、善和恶、荣和辱、正当和不正当、权利和义务、诚实和虚伪等的准则，是人们在社会生活关系中自觉遵守各种行为的产物。

我国正处于社会转型的深刻变革期，从整体上看，社会道德规范是好的，但在一定层面和范围上，却存在较为严重的道德失范现象。首先，伴随着我国对外开放的实施，我国在借鉴西方发达国家的先进技术、先进文化、先进管理的同时，西方国家的一些价值取向，如功利主义、拜金主义、利己主义、个人主义等也渗入我国，西方腐朽道德观、社会思潮、生活方式和价值观对我国社会带来了一定的侵害。其次，市场经济作为一把双刃剑，以价值规律为基础的市场机制增强和激发了人们的竞争意识、自主自立意识、开拓创新精神和效率意识，在很大程度上促进了社会经济的发展，促进了生产力的发展。但在思想文化领域，市场经济不能直接为人们提供有效的道德规范和价值导向，解决人们精神世界领域和生活生产领域的真善美问题，甚至其盲目性、重利益的一面，还会对我国社会的主导道德体系产生冲击和挑战，导致道德滑坡和社会思想混乱。再次，在现实与历史方面，我国传统道德与现代道德也产生了较大冲突，我国优秀的传统道德强调正义、公忠、礼让、诚信、勤俭、廉洁、慎独、节欲等规范，但在现实生活中，人们却更加注重利欲的追逐、个性的解放等，这两者虽然并不完全矛盾，但在一定条件下也会发生冲突，意志薄弱者甚至会精神堕落，导致道德失范。

总之，我国的道德领域总体是好的，但道德失范与价值紊乱倾向时有出现。一个社会不能没有思想灵魂和精神支柱，因而弘扬我国社会主导价值观，就成为一项极为重要的任务。社会稳定需要规范的道德标准，道德失范不利于社会的稳定。

5.2.2　西方文化霸权不利社会稳定

文化，从其产生以来，便遵循着文化自身发展规律在不断发展。随着信息技术的飞速发展以及网络、电视等各种传媒在全球各地的普及，各种价值观念在世界各地可以快速传播，各种道德思想在世界范围内可以快速传递，各种优秀文化可以在全球得以传承，这样也有利于推动不同文化间的融合与交流，同时，也为别有用心的国家对别国进行文化控制和文化扩张创造了条件、提供了便利。20 世纪 30 年代，意大利社会学家葛兰西提出了著名的“文化霸权理论”，他认为统治阶级要统治市民社会，必须要依靠文化，使自己的文化价值成为社会市民普遍接受、认可的行为准则。20 世纪 60 年代，法兰克福学派提出了文化帝国主义的理论，其认为西方发达国家借助高技术手段进行大批量生产的文化工业，利用各种新型媒介的便利，尤其凭借经济、政治的优势，宣扬自身行为模式、价值观念、社会制度等，以控制别国人民的意识和灵魂，最终目的就是把别国变为西方发达国家的文化殖民地。美国学者汉斯·摩根索曾直言不讳地说："文化帝国主义的东西，是最巧妙的，并且如果它能单独取得成功，也是最成功的帝国主义政策。它的目的，不是征服国土，也不是控制经济生活，而是征服和控制人心……"① 我国面临着新的文化发展、新的文化环境，新的西方文化霸权。

自从鸦片战争开始，西方文化以极其野蛮的方式打开了我国文化封闭之门。随着西方文化的野蛮入侵，西方国家资本主义的文化，包括精神文化、制度文化、物质文化等从不同层次展现在我国民众面前，给我国传统文化带来了前所未有的冲击。虽然西方文化入侵的目的是要把我国文化纳入资本主义文化体系之中，是为了实现对我国的奴役和控制，而不是为了促进我国文化的发展。但不可否认，西方文化的强烈入侵，在客观上却打破了我国传统所固有的封闭自守的文化壁垒，在一定程度上为我国文化的发展增添了新的生机，马克思曾指出，在鸦片战争中，"满族王朝的声威一遇到英国的枪炮就扫地以尽，天朝帝国万世长存的迷信破了产，野蛮的、闭关自守的、与文明世界隔绝的状态被打破，开始同外界发生联系。"② 所以，从某种程度上说，鸦片战争促进了我国文化的发展。我国学者们，如康有为、严复等，开始借用西方的一些理论、概念来诠释我国文化中的一些理念和思想，有的学者甚至想用西方的价值观念、理论体系重新组织我国的思想和价值观念。这样，以儒学为核心的我国传统文化受到了前所未有的质疑和挑战，在"五四"新文化运动中，为冲破旧的以伦理秩序、封建政治为核心的文化格局，对

① ［美］汉斯·摩根索．国际纵横策论［M］．卢明华，等译，上海：上海译文出版社，1995：90．

② 马克思恩格斯选集（第 1 卷）［M］．北京：人民出版社，1995：691．

我国儒家文化的批判，将这种质疑推向了极端。我国很多有识之士开始理智积极探索对待不同文化特别是西方文化的态度。鲁迅主张用“拿来主义”精神，去拿对我国有意义、有用的东西。毛泽东认为，外来文化精华与糟粕共存，应取其精华，去其糟粕，分清良莠。这些态度在今天看来仍然是合理的、科学的，但如今西方文化对我国的入侵却更加隐晦与潜移默化了。

文化产业的优势，使西方国家的生活方式、价值观念等通过文化商品影响别国人民，网络的全球普及使西方国家能有效快捷地利用网络文化对别国进行文化渗透；而放宽留学条件，利用教育优势，或直接通过设立各种奖学金项目等，则带有更大的隐蔽性。虽然文化的发展、壮大需要与其他国家文化的沟通和交流，但在与其他国家文化特别是西方国家强势文化进行沟通与交流时，必须警惕西方国家文化有可能对人们带来的负面影响所产生的消极后果。社会稳定的文化方略，要重视西方文化霸权对社会稳定的影响。当前，不可否认，西方文化在世界范围内是一种强势文化，处于强势地位，西方国家处处采取文化霸权、文化殖民的方式去影响、征服我国的文化，而文化霸权不利于社会的稳定。

5.2.3　文化人才缺乏不利社会稳定

人才是世间所有资源中最重要的资源。时代呼唤人才，人才推进事业。在我国几千年的文明史中，对人才的重视可谓源远流长。无论在什么行业，无论从事什么工作，要推动事业的发展，都必须依靠人才。不管何时何地，世界范围内的任何竞争，归根到底都是人才的竞争，人才在各种竞争中具有决定性意义。谁拥有高素质的人才，谁就能在竞争中掌握主动权。深化文化体制改革、推动我国文化大发展大繁荣，离不开文化人才队伍。文化人才队伍是我国文化发展的中坚力量，也是促进社会稳定的重要力量。文化领域的创新、文化产业的发展、文化走向世界、文化软实力的增强等迫切要求我国造就高层次领军人物和高素质文化人才队伍，这是推动我国文化大发展大繁荣的人才支撑的关键所在。

2003年12月，在人才工作会议正式提出人才强国战略后，2004年4月，文化部制定出台了《关于实施“人才兴文”战略进一步加强人才队伍建设的意见》，其中明确了“人才兴文”的指导思想、目标任务、战略举措和保障措施，“人才兴文”成为促进我国文化繁荣发展的重要战略之一。随着“人力资源是第一资源”理念的确立，人才强国战略和“人才兴文”战略的实施，我国的文化人才队伍素质结构有了较大改善，促进文化较大的发展。

虽然我国文化系统从业人员总量稳步增长，人才队伍整体素质结构有所改善，文化人才教育模式不断探索创新。但不可否认，我国文化人才队伍还存在诸多与文化发展不相适应的问题与不足，尤其是在高端文化人才方面还很缺乏。特别是我国文化系统从业人员职称结构、学历结构偏低，综合型高素质人才不足，文化人才的缺乏不利于文化发展，不利于社会稳定文化方略的实施。文化发展需要结构合理、规模宏大的文化人才队伍。结构合理是指文化人才队伍的组成合理、结构优化，社会稳定的文化方略既要有高素质文化人才队伍和高层次文化领军人物，又要有基层文化人才队伍；既要有文化创意、理论研究、规划设计人才，又要有文化营销、文化管理等人才。要通过内部人才培养、选拔，外部引进、交流等体制机制，培养造就一支规模宏大的文化人才队伍，这是推动文化大发展大繁荣对人才的客观要求，也是实现社会稳定文化方略的本质要求。

5.3 社会稳定文化方略的保障条件

文化的发展，需要一定的物质基础、政治基础和社会基础，同样，物质基础、政治基础和社会基础是社会稳定文化方略的重要基础。

5.3.1 物质保障——文化方略的经济基础

回顾文化的发展历程表明，不管何地、何时，文化得以大发展大繁荣，文化对社会稳定的影响，都离不开物质条件保障，也离不开这一地区、这一时期经济取得的巨大成就。就拿我国历史上较为繁荣的唐宋时期来说，当时的唐宋在世界上的物质条件远好于世界上其他国家，其经济基础、科技水平都遥遥领先其他国家。在强大物质条件的保障下，当时的我国文化得以大发展大繁荣，使我国文化呈现其繁荣昌盛的景象，使得社会保持稳定。唐宋时期，我国周边许多国家纷纷派遣人员到我国学习借鉴我国文化，我国周边乃至更远的国家和地区都深受我国文化的影响。明朝初年，郑和七次下西洋，不断将我国文化传播至海外，郑和下西洋壮举的背后，肯定得益于我国当时在经济方面的强盛。近代以来，西方文化日益成为世界主流文化，西方人甚至一度认为西方文化会成为一种普世文化。西方人的这种对于文化的认识主要来源于西方国家的经济实力在世界上的领先优势。西方的经济实力为西方国家的文化发展、社会稳定提供了坚实的物质基础。马克思指出："物质生活的生产方式制约着整个社会生活、政治生活和精神生活的过程。不是人们的意识决定人们的存在，相反，是人们的社会存在决定人们的意识。"① 因此，人类的一切活动都是以一定的物质条件为基础的，而一定的物质条件决定一定的精神状态。

改革开放以来我国进行的现代化建设使我国的市场经济得以快速健康发展，社会财富得以大量积聚，人们的物质生活条件也得到大幅度的改善，人们精神文化领域的生活也得到不断丰富。文化与经济是相辅相成的，经济发展是文化发展的保障，同样，文化发展也能促进着经济更好更快地发展。文化发展在经济发展与进步、社会稳定中具有重要的作用，因此，我国在以经济建设为中心的同时，应该大力发展文化事业。随着我国的日益强盛，我国文化得到了极大的发展，我国的民族自信心、文化自信心得到了极大提升，我国的文化越来越受到世界的瞩目。在世界的舞台上，由于我国经济实力、综合国力的不断增强，不仅我国

① 马克思恩格斯选集（第 1 卷）[M]. 北京：人民出版社，1995：32.

民众增强了对我国文化的认同，世界上其他国家和地区的民众也不断增强了对我国文化的认同。因此，文化繁荣一定程度上来源于一个国家综合国力和经济实力的提高。我国取得的经济发展奇迹为我国实现社会稳定的文化方略创造了良好的物质条件。

5.3.2 政治保障——文化方略的制度基础

政治是实现社会稳定文化方略的制度保障。为了促进文化的发展和社会的稳定，我国从组织保障、政治保障等方面都做出了很大的努力，自从中华人民共和国成立以来，由于我国各族人民的共同努力以及中国共产党的领导，在传承我国优秀传统文化的基础上，我国的文化事业取得了辉煌的成就，我国的社会也保持着稳定。长期以来，我国总是密切结合文化工作实际，以开拓创新、实事求是、与时俱进的精神，扎实、积极地开展工作，营造和谐、团结和昂扬的工作氛围，为推动文化健康发展创造有利的政治条件。改革开放之后，特别是十六大以来，我国一直将文化发展放在国家重要战略全局，实行依法治国和以德治国相结合，坚持物质文化和精神文明两手抓，不断推动文化领域取得新成就，走出了具有我国特色社会主义的文化发展道路。

一直以来，中国共产党始终把文化发展放在党和国家全局工作重要战略地位，促进文化产业和文化事业发展。努力造就了一批政治素质、理论水平和政治觉悟高的文化干部队伍，文化干部队伍是实现文化强国目标可靠的政治保障，坚持为人民服务的宗旨，不仅发展文化生产力，而且解放文化生产力，推动文化产业健康发展、文化事业全面繁荣，不断提高文化在经济社会发展中的地位和作用，这为社会稳定的文化方略提供了制度保障。

5.3.3 社会保障——文化方略的动力基础

改革开放以来，我国经济不断快速发展，人们对精神文化生活需求也不断提高。近年来我国精神文化作品不断涌现，人民群众在精神方面的生活也日渐丰富。

1949 年以来，经过不懈的努力，我国已经初步形成了公共文化服务体系，公共文化设施的种类、数量大幅度提高。公共文化服务体系建设利国利民，是一项艰巨性、系统性的文化建设工程，不仅需要各级政府的主导和引导，更需要社会各界和广大群众的支持和参与。党的十六大以来，党中央、国务院进一步采取一系列政策措施，不断提高公共文化服务能力、水平，全社会逐步构建文化公共服务体系，不断改善人民群众的精神文化生活。采取切实措施把人民群众作为文化发展服务的对象，使文化发展成果为人民群众共享。全社会在努力加强公共文化服务体系建设，是繁荣发展我国文化、实现社会稳定的必然要求，是实现好、发展好人民群众基本文化权益的主要途径，对于促进人的全面发展、提高全民族的思想道德和科学文化素质、建设富强民主文明和谐的社会主义现代化国家，具有重大意义。构建公共文化服务体系是发展公益性文化事业要着力抓好的首要工作。

我国财政也在大力支持文化产业，全社会在努力构建现代文化产业体系，不断满足人民多样化的精神文化需求。文化产业的发展，要坚持先进文化前进方向，按照经济效益和社会效益相统一的要求，为推动文化科学发展提供重要支撑。

总之，我国公共文化服务体系的加强建设，我国全社会推动文化产业的大力发展，为社会稳定的文化方略提供了强有力的社会保障。

第 6 章　基于社会稳定文化方略的路径选择

我国正处于中华民族伟大复兴的关键时期，实现社会稳定对于人民的福祉、社会的发展、民族的振兴、国家的富强等具有特殊而重大的意义。正确处理文化冲突与文化融合、文化积累与文化创新等关系是基于社会稳定文化方略应处理好的关系，社会稳定文化方略的路径选择应注重树立文化维稳理念、制定文化维稳战略等。

6.1　基于社会稳定文化方略应处理好的关系

文化冲突与文化融合、文化积累与文化创新等既相互独立又彼此联系，既有共性又有个性，社会稳定的文化方略应厘清它们的联系与区别，处理好它们的关系。

6.1.1　正确处理文化冲突与文化融合的关系

文化是人类在认识和改造自然、社会和自身的一种特殊实践活动所表现出的民族样式、地域风格和时代特征，同时也是人类创造出的精神成果与物质成果的总和。在人类的发展中，人类创造着自然、改造着社会，同时，也改造着人类、创造着文化。由于文化有着不同的种类、不同的形态，蕴含着不同的价值、不同的理念，所以，在不同文化的交流中，难免会产生文化冲突，古今中外，人类一直存在着文化的冲突。从公元 1 世纪始，佛教就开始传入我国，当时我国传统文化与佛教文化就发生着激烈的冲突，这种冲突延续了很长一段时间。在西方，公元前 63 年，从古罗马帝国攻占耶路撒冷起，犹太文化和罗马文化就一直发生着冲突。自鸦片战争以来，我国传统文化也一直受到西方文化的强烈冲击。当前，伴随着全球化，世界上文化之间的冲突规模和程度都出现了前所未有的局面，如西方国家基督教文化与我国传统文化和伊斯兰教文化就发生着激烈的冲突。当前世界范围内，文化冲突激烈程度的加剧主要在于政治、经济、文化等的全球化，各种不同的文化交流越来越频繁，引发世界范围文化冲突越来越激烈。在一定程度上，文化的冲突导致文化的发展，文化的发展加剧着文化的冲突。不同环境、不同时期的人们，会有不同的思维、情感、心理，也会有不同的文化认同，如道德信仰、价值观念、生活态度、行为方式等会不一样。不同文化认同的人们相互交流、交往时，在人们的内心深处必定会产生摩擦、甚至发生冲突，从本质上说，这种内心深处的摩擦和冲突就是文化冲突。

文化冲突不可避免，同样，文化融合也是不可避免的，文化冲突与文化融合相伴相随。“融合”是多种或两种不同的事物结合于一体化，结合、整合、交融等都属于融合的范畴。不同文化之间存在着冲突，也存在着融合。西方文化与我国传统文化的冲突，既相互对立，又相互融合。经济贸易领域的交流与开放必然会导致文化领域的开放与交流，不同民族、不同国家、不同形态、不同地区的文化互补和交流就在所难免。全球化的今天，不同地区、不同国家相互联系越来越广泛，世界范围内的文化交流、融合也越来越频繁，世界范围内文化的交流、融合，不仅帮助人们认识自身的文化、了解自身的文化，更能帮助借鉴、融合世界其他文化。现在的西方文化，也是由多种文化融合、交汇的产物。我国的儒家学说，也是在综合道、儒、墨等百家文化的思想而成为一种丰富的文化体系。

因此，社会稳定的文化方略应以理性的态度对待文化冲突与文化融合，文化的交流会导致文化的冲突，文化的冲突也会导致文化的融合。

文化发展的过程，也就是多种文化相互交流、彼此促进、相互融合的过程。在某种程度上，文化冲突的过程也就是文化融合的过程，并且文化融合过程中会伴随着文化冲突。

6.1.2 正确处理文化积累与文化创新的关系

文化积累是一种普遍的文化现象，从文化积累的空间上看，既包括外来文化的横向积累，也包括本国文化的纵向积累；从文化积累的方式来看，既包括文化的传承，也包括文化的创新；从文化积累的方式来看，既包括自觉的积累，也包括自发的积累。文化积累、文化传承对于文化发展有着重要的意义，借助对古今中外优秀文化的积累，不仅可以推进文化发展的速度，而且可以促进文化发展的平台。

创新是一个国家、一个民族进步的灵魂，文化创新能力的强弱，关系到文化的兴衰存亡。我国文化源远流长，不管何时何地，总有着巨大的感召力、向心力、吸引力，这是因为我国人民在文化领域所具有的创新能力。如果说文化积累是文化发展的基础，那么文化创新就是文化进步的动力。从文化发展的状况来看，进行简单的文化积累，缺乏文化的创新，往往会导致文化的落后、倒退，甚至是文化的灭亡。文化创新要以文化积累为基础，文化积累要以文化创新为要求，缺乏创新的文化积累、没有积累的文化创新都不能真正促进文化发展。在社会稳定的文化方略中，要正确处理好文化创新与文化积累的关系上，不仅要注重文化的创新，增加文化发展的活力，而且要注重文化的积累，为文化发展创新创造良好的基础。总之，社会稳定的文化方略既要适应时代变化不断发展和创新，又要植根于厚重的文化积累，以达到动态的平衡。

6.1.3 正确处理主流文化与非主流文化的关系

随着社会发展、时代进步，文化也呈现多元，如存在着物质文化、制度文化、精神文化，存在着资本主义文化、封建主义文化、社会主义文化，存在着大公无私的文化，也存在着自私自利的文化等。人们存在着不同的文化习惯、民族风俗和宗教信仰，社会上也存在着不同的阶层、不同的利益群体，这些使得我国民众的思想文化呈现出多元的状况。

当前，由于我国多元文化的并存，就需要在文化发展、在社会稳定的文化方略中正确处理主流文化与非主流文化的关系，把我国主流文化与非主流文化有机结合起来。主流文化与非主流文化不仅体现在不同的文化形态和文化形式方面，而且还体现在文化产品的表现手法、内容、题材及风格等方面。弘扬主流文化，就是要大力倡导和宣传我国的主流文化，即具有我国特色的社会主义文化。在弘扬主流文化的同时，坚持多元文化的共存，即坚持主流文化与非主流文化的共存，正视、承认我国当前文化多元的实际。不能强求思想文化的千篇一律，或去干扰非主流文化的发展。当然，提倡多元文化共存、共同发展，并不是说要用非主流文化来取代主流文化，而是在坚持主流文化主导地位的基础上，提倡多元文化的存在、共同发展，要以主流文化引导其他各种非主流文化，不断丰富人们的文化生活，促进文化的发展，实现社会的稳定。

6.1.4　正确处理本国文化与外国文化的关系

国家是文化的载体，文化是民族的血脉。本国文化是本国全体人民智慧的结晶，它凝聚着本国各民族对现实世界的切实感受和历史认知，表征着本国各民族的精神面貌和发展历程，体现着本国人民的价值取向和精神追求。每个国家都有属于自己国家独特的文化，由于世界文化的多样性、丰富性，使得世界各国文化彼此借鉴、相互学习不仅重要而且必要，但在各国文化的相互接触、借鉴、学习中，可能会导致误解、冲突。所以，如何学习、借鉴国内外文化，如何化解国内外文化的矛盾、冲突，如何传承国内外文化，就成为处理本国文化与外国文化关系的关键所在。任何文化都是在一定国家环境中生成、发展的，一个国家要生存和发展，必须要有属于自己国家的文化。

文化是一个民族的灵魂。本国创造出的文化也是区别于其他国家的重要标志，也是这个国家得以生存和发展的重要基础。正如梁启超所说："凡一国之能立于世界，必有其国民独具之特质，上自道德法律，下至风俗习惯、文学美术、皆有一种独立之精神。"① 要正确处理好本国文化与外国文化的关系，就应既要传承本国的优秀文化，又要借鉴外国优秀文化。威斯勒指出："获得文化的普遍模式一直都是模仿其他民族的特质。"②

自近代以来，在对待我国文化与西方文化的关系问题上，无论是现代史上的"我国本位文化"论者、"全盘西化"论者等，还是近代史上的"中体西用"论者、文化保守主义者等，都没能正确处理本国文化与外国文化的关系，究其原因，就在于要么夸大我国文化而排斥外国文化，要么崇拜西方文化而否定我国文化。许多国家、地区促进文化发展、实现社会稳定的重要经验就是要有选择的借鉴，一味地采取拿来主义政策，难免迷失自我、丧失自我、被其同化。文化发展史表明，对于本国文化最好的继承就是不断创新，对外国文化最好的借鉴就是结合国情加以吸收。

6.1.5 正确处理传统文化与现代文化的关系

在人类历史中，因不同的历史形成了不同的传统文化，传统文化不仅影响了以往的历史，而且影响着当前的社会。文化发展不能抛弃优秀传统文化。传统文化与人的生存发展息息相关，传统文化是人类在探索生存和发展过程中遗留下来的印迹，是先人智慧的结晶。实际上，任何意义上的文化发展、社会稳定都与人的生存、发展息息相关。传统文化是文化发展的根本和前提，"任何一种自主的文化都是建立在本国文化

① 王强，包晓光．中国传统文化精神［M］．北京：昆仑出版社，2004：221.

② ［美］克拉克·威斯勒．人与文化［M］．钱岗南，等译，北京：商务印书馆，2004：192.

传统之上的，失去了这个核心，也就失去了一国精神的根本”①。对于传统文化，要上升到文化哲学的思考层面，要有整体性思维，要有一种大视野，全面客观地审视传统文化，对其内在的文化意义、文化价值，要做出客观理性分析，不可一概而论，不可盲目地进行片面化、简单化、情绪化处理。如果人们抛弃传统文化，必将导致文化的落后。因而，文化“不毁之道无他，即凡所成之末皆返于本，而末皆为本；斯可致生生之业”②。只有重视优秀传统文化，才能更好地促进文化的发展。黑格尔在提及传统文化时曾指出：“在科学里，特别在哲学里，我们必须感谢过去的传统。但这种传统并不仅仅是一个管家婆，只是把它所接受过来的忠实地保存着，然后毫不改变地传给后代。这种传统并不是一尊不动的石像，而是生命洋溢的，有如一通洪流，离开它的源头愈远，它就膨胀得愈大。”③ 传统文化是变化着、发展着的文化，需要不断吸取新的营养，不断获得新的动力。因此，要吸收传统文化的精华，去其传统文化的糟粕，充分发扬、发展传统的优秀文化。

传统文化对现代文化的发展具有积极与消极的作用，传统文化对现代文化有着积极作用。传统文化作为国家的文化积累，作为国家的文化基因，反映着一个国家的文化个性，也是一个国家走向现代化的文化根基。传统文化为现代文化提供发展基础。传统文化对文化的创新与发展也有着消极的作用。传统文化有时会阻碍和限制文化的创新与进步，对现代文化的发展有时会产生不利的影响。人类学家 E. 海根曾指出：“假如一个社会的行为方式代代相袭，很少改变，那么这就是一个传统性的社会。在这个社会里，传统主义色彩很浓……社会生产力的水平是

① 师英杰. 论和谐社会的文化价值诉求［J］. 北方论丛，2010（1）：119.

② 唐君毅. 文化意识与道德理性［M］. 台北：台北学生书局，1986：671.

③［德］黑格尔. 哲学史讲演录（第 1 卷）［M］. 贺麟，等译，北京：商务印书馆，1959：8.

很低的。”① 同样的，现代文化对传统文化也具有积极与消极的作用，一方面，现代文化弘扬着传统文化，另一方面，现代文化也破坏、冲击着传统文化。现代文化如果没有传统文化作依托，必然无所依从，传统文化如果离开现代文化，也会无从发展。现代文化与传统文化相互的关系是社会稳定的文化方略要面对的关系，应正确处理好两者之间的关系，使传统文化与现代文化相得益彰、相互促进。

6.1.6 正确处理物质文化与制度文化及精神文化的关系

正如前文所述，物质文化主要是人与自然的关系体现，它是人类在改造自然界、征服自然界以及处理与自然界关系的过程中所创造出来的文化。制度文化主要是人与人关系的体现，它主要满足人的社会交往需要，是人们在处理人与人关系的过程中创造出来的文化，制度文化以精神文化为指导，以物质文化为基础，处于物质文化与精神文化之间。精神文化主要体现着人与自身的关系，是人们在处理人与自身关系的过程中创造出来的文化，精神文化不仅反映着物质文化、制度文化，而且渗透于物质文化、制度文化，精神文化是一切社会文化的灵魂，对制度文化和物质文化有推动或限制作用。

如同整个社会文化内的矛盾一样，不同文化类型间也存在着冲突和矛盾，因此，在社会稳定的文化方略中，应协调文化系统中不同文化层次间的关系。在文化结构中，精神文化处于主导作用，居于文化系统的最深处。制度文化是联系精神文化和物质文化的桥梁和中介，是整个文化结构的保障，在人类的文化生活中起着稳定、协调的功能。物质文化是文化系统中最积极、最活跃的文化，时刻都在变化发展之中，物质文化的变化，会导致制度文化、精神文化的变化。因此，精神文化、物质文化、制度文化三者之间存在着必然的、本质的、内在的联系，三大文

① 武斌．现代中国人——从过去走向未来［M］．沈阳：辽宁大学出版社，1992：52.

化类型各有不同的文化特质及其变化、发展的规律，三种文化共同构成整个文化系统，只有正确处理好三种文化的关系，三种文化只有协调发展，才能保证和促进文化的发展。

6.1.7　正确处理主导文化与精英文化及大众文化的关系

文化本身是一个复杂的大系统，其中，主导文化、大众文化、精英文化三种重要文化形态在文化系统中占有重要的地位，如果不能处理好此三种文化的关系，必然会影响文化的发展、影响社会稳定的文化方略。所以，要正确认识和处理好此三种文化间的关系，主导文化是主流文化的核心形态，决定着文化发展的方向，代表着国家的意志，体现着民众的意识形态，弘扬着时代的主旋律，提升着人们的素质，它是党和国家的意志在文化领域的体现，以实现国家和民族的终极文化理想为目标。现阶段，我国主导文化的重要任务就在于要根据国家意志来进行文化实践，主导文化不仅要宣传人类美好的价值观念，而且要宣传我国的精神文明，不仅要规范民众的思想行为，而且要倡导国家富强、民族振兴、人民幸福、社会安定的社会风气，通过培育全民族高尚的道德情操，弘扬爱国主义、集体主义、社会主义精神。所谓精英文化又称高雅文化，是主要供知识文化阶层所享有，并且是由知识分子所创造的文化，是以探索真、善、美的价值为基本职能的文化。大众文化也称消遣文化或通俗文化，是以商业赢利和大众娱乐消费为主要目的的文化形态，它是现代社会的产物。

正确处理主导文化与精英文化的关系，是社会稳定文化方略要处理好的关系之一。精英文化是人类的思想文化宝库，凝聚着人类智慧的结晶。精英文化超越现实，不功利、不势利，代表着人类的理想和意志。精英文化使人类精神得以延续，智慧得以传承，正义得以彰显，时弊得以匡正。主导文化与精英文化在价值取向上具有一致性，都承载、传承着民族、国家对文化理想的不懈追求。可主导文化、精英文化之间也存在着的差别，精英文化与主导文化的立场不同。主导文化要通过文化强化统治效率，聚拢民心，通过文化方式体现执政者的意志。而精英文化通过文化方式宣扬文化思想，精英文化则是多元的，注重独立思考，注重独树一帜、标新立异和超凡脱俗，视探求真理为生命。在社会稳定的文化方略中，要正确处理和协调主导文化与精英文化的关系，既要尊重精英文化发展，又要引导精英文化的发展，支持、引导精英文化在文化市场、社会大众中发展创新，使其能为主导文化提供必要、充足的智慧支持。绝不能用强制手段迫使精英文化服从主导文化，使其成为主导文化的附属物。

正确处理主导文化与大众文化的关系，也是社会稳定文化方略的一个重要问题。大众文化具有世俗化、大众化、复制性和娱乐性、商业化等特征。主导文化与大众文化在价值取向、思想意识等方面既有相同之处，又有不同之处。一方面，大众文化能吸引群众，调动民众的积极性，有助于推动社会文化包括主导文化的推广、普及；另一方面，我国的主导文化作为党和国家意志的体现，虽然来源于大众文化实践经验的升华和提炼，但必然与社会大众文化有着一些矛盾。大众文化对民众的文化心理和文化需求采取的策略基本是迎合，主导文化不太会迎合民众，因此，大众文化可能会与主导文化产生矛盾。所以，社会稳定的文化方略中必须处理好大众文化与主导文化的关系，为二者互融相通、协调发展创造良好的文化环境。面对汹涌而来的大众文化，既不能阻碍发展，也不能任其发展，应因势利导，做好引导，使大众文化、精英文化既满足人民群众的精神文化需求，又共同承担起塑造、陶冶、培养人的崇高使命，担负起实现社会稳定的重任。

6.2 基于社会稳定文化方略应坚持的原则

所谓原则，就是社会稳定文化方略应把握的内容，应坚持的方向，是社会稳定文化方略的重要载体。

6.2.1　政府主导原则

如今，文化发展程度已经逐渐成为衡量、评判一个城市、一个地区或一个国家发展程度的重要标准之一。基于社会稳定文化方略应以政府主导的原则，政府应制定文化发展的相关政策、制度、法规等，各级党委、政府要重视社会稳定的文化方略，把文化发展作为政府工作的重要内容，为文化发展、社会稳定营造良好的环境创造条件。社会稳定的文化方略，有赖于各级政府从文化强国、文化维稳的角度重视文化发展环境的建设，为文化发展制定发展政策、搭建发展平台、构建发展服务体系。确立政府主导的原则，要求各级党委、政府、有关部门加大对文化发展的法律、财政、环境、政策等方面的支持，只有这样才能从根本上解决文化发展过程中的诸多问题，同时也要加强对文化发展比较落后地区的支持力度。

6.2.2　继承创新原则

社会稳定的文化方略，应坚持继承与创新相统一的原则，一方面要继承我国优秀传统文化，古为今用；另一方面，要继承其他国家优秀文化的精华，洋为中用，勇于继承，大胆创新，切实促进文化发展，吸收和借鉴古今中外人类创造的一切优秀文化成果。传统文化与外国文化都是人类智慧的结晶，传统文化与外国文化不仅影响人类的生存、发展，而且影响文化的发展、社会的稳定。继承传统优秀文化和国外优秀文化，要实现文化的与时俱进，坚持“取其精华，去其糟粕”的原则。对待传统文化，也要坚持采取“取其精华，去其糟粕”的批判性和警惕性态度，这其中蕴含着最优化的思想。

优秀的我国传统文化与优秀的国外文化底蕴深厚，源远流长。传统文化的道德至上的思想、“民本”的思想、整体本位的价值观等，外国文化中所强调的民主、人本等理念，对于社会稳定、文化的发展都具有重要的价值。社会稳定的文化方略必然会受传统文化、外国文化的熏陶和影响，在促进文化发展、运用文化策略过程中，必然会从传统文化、外国文化中汲取精华，传统文化、外国文化中的许多内容对于推动文化发展、探寻文化策略具有启示作用。

创新是一个民族进步的灵魂，是国家兴旺发达的不竭动力。创新是文化得以发展的必然要求。创新是一个国家发展的动力，是一个民族不断进步的灵魂，更是文化的本质特征。文化创新包括科技创新、体制创新、观念创新、内容创新、机制创新、传播手段创新、形式创新。社会稳定的文化方略应把继承和创新原则有机统一起来。没有创新的继承，只会导致停滞和僵化；没有继承的创新，缺乏创新的底蕴和原动力。促进文化的发展、探寻文化的方略要在继承、借鉴基础上，结合时代和社会的实际，而不断进行创新，才能保持文化的活力和价值。在文化创新过程中，一是要推动文化发展观念的创新。“创新是人类历史发展的基本原则，是人类文化发展的根本品质与逻辑。”① 伴随着全球化的不断推进，我国文化安全正面临着全球化的考验，我国文化的发展正面临着西方强势文化的冲击。文化发展、文化创新代表着文化的发展方向，是推动文化发展的需要，是维护国家文化安全的需要。二是要完善文化政策保障创新。文化保障机制是文化发展的重要基础，是文化事业运行、文化产业发展的必要条件。完善文化政策保障机制是进一步深化文化体制运行、保障人民文化权益、促进文化产业蓬勃、保护和传承我国传统文化、维护国家安全的必然要求。如果没有良好的完善政策保障机制，文化体制改革很难深入，有利于文化繁荣发展的机制很难建立，人民群众的文化权益实现就会变为空谈。三是要推进文化科技创新和文化管理体制创新。文化科技创新符合文化发展的趋势，反映着文化产业的未来发展方向，有利于增强文化传播的主动权、提高国家文化软实力，有利于推动我国经济发展方式转变。世界文化的发展呈现出科技和文化加速

① 廖志成．关于中国共产党政党文化建构路径的思考［J］．科学社会主义，2008（4）：68.

融合发展的新趋势。科技创新的影响不仅反映到文化的制度层面和观念层面，而且影响到文化的物质层面。文化管理创新也是适应文化趋势的必然要求。文化管理体制创新是一项系统工程，涉及每个组织和公民的文化权益，涉及政府机构整合、政府职能转变，涉及执法主体、政策调整的统一与重构，涉及政事分开、政企分开等。

6.2.3　务求实效原则

求实，党的思想路线的中心内容，是唯物辩证法的核心，社会稳定的文化方略应坚持这一原则。邓小平曾指出："实事求是，是无产阶级世界观的基础，是马克思主义的思想基础。过去我们搞革命所取得一切胜利，是靠实事求是；现在我们要实现四个现代化，同样要靠实事求是。"① 社会稳定的文化方略坚持务求实效的原则，也就是实事求是、重在实际效果的原则，即文化方略坚持实际，联系实际，服务实际，实事求是，重在文化实现社会稳定的效率。毛泽东在《改造我们的学习》中指出："'实事'就是客观存在的一切事物，'是'就是客观事物的内部联系，即规律性，'求'就是我们去研究。"② 文化方略，通过调查研究，立足于客观实际，弄清文化内部规律与其他事物之间存在着的联系，从而把握其固有的规律，作为对其方略的引导，从而增强社会稳定文化方略的实效性、针对性。

社会稳定的文化方略是社会存在直接或间接的反映，它既是一种客观存在的实际，又是本质上的一种精神现象。社会稳定的文化方略，必须了解其文化所处的环境、时代，弄清文化产生的原因等，深刻把握和认识新形势下文化方略的规律和特点，把握各种文化的联系与区别所在等。社会稳定的文化方略要紧贴实际、求真务实，体现实际、体现实效。基于社会稳定的文化方略，目标在于实现社会稳定，实现途径在于

① 邓小平．邓小平文选（第 2 卷）［M］．2002：143.
② 毛泽东．毛泽东选集（第 1 卷）［M］．1991：801.

文化的力量。文化发展不是依靠行政命令去完成，而是靠营造文化方略的氛围，靠社会评价的导向，靠潜移默化的感染，以达到实现社会稳定的效果。因此，推进文化发展，必须大力弘扬求真务实之风，求实效、用实功、办实事，力戒形式主义。要善于理论联系实际，借鉴其他科研成果和科学方法，用马克思主义世界观和方法论，努力克服社会稳定文化策略过程中的主观、片面观念。要顺应文化发展的规律，增强文化的感染力、吸引力，通过开展一系列具体的创造性活动，充分发挥文化的感染力、吸引力、亲和力，增进社会稳定。

6.2.4 服务稳定原则

服务稳定是基于社会稳定文化方略的根本原则，社会稳定文化方略的目标是实现社会稳定。实施社会稳定的文化方略过程中，既要规范民众的言行举止、发挥民众的聪明才智，倡导民众做好自己的本职工作，为社会稳定尽职尽责，又要引导民众将自己的价值、自己的追求与社会稳定的目标紧密联系，从而为实现社会稳定创造必要的精神和物质条件。

社会稳定是人们正常生活得以维系的必要条件，也是一个民族和国家实现富强的根本前提。社会稳定符合人们的利益和愿望，事关国家的兴盛和富强，关乎人类的生存和发展，因此社会稳定一直是人类努力追求的目标。在当前我国的社会生活中，各种利益差异、各种冲突矛盾等影响着社会的稳定。我国正处在一个文化大交融、观念大碰撞、思想大活跃的时代，面对价值多元、矛盾凸显的现实，对社会稳定的文化方略，坚持服务稳定原则，比以往任何时期都显得更为重要和必要。基于社会稳定的文化方略坚持服务稳定原则应做到：第一，增强民众对其服务稳定原则必要性的认识。通过各种渠道，要让民众意识到，没有社会稳定的文化方略，就不是社会所要的文化方略。在社会稳定文化方略全过程、全方面、全方位要体现社会稳定的要求。同时，要在社会稳定文化方略中力求使全体民众认识到，坚持服务社会稳定，是国民必备的政治内容，是爱国的重要体现，是有利于民众全面而自由发展的。第二，坚持稳定原则要力求实效性。按照社会稳定文化方略的规律办事，以文化的手段来发展文化，兼容并蓄，贴近群众，贴近生活，贴近实际和寓教于乐，寓教于理，寓教于文，做到以情动人，以理服人，以德感人。既要有针对性，又要有实效性，努力使社会稳定落实到人民的政治、经济、文化等生活之中。要把社会稳定和文化方略工作结合起来，将社会稳定文化方略融入政治建设、经济建设、社会建设、文化建设中去，在社会稳定中促进文化发展，以文化方略促进社会的稳定。第三，坚持将社会稳定内化为民众的信念。要将社会稳定的信念培养化为民众日常的人格素质及思想道德要求，这样才能保证在任何时候都不偏离方向。

6.2.5　以人为本原则

社会稳定的文化方略遵循以人为本的原则，就是说社会稳定的文化方略，必须以人为出发点，以人为落脚点，以人为中心，以人为主体，以人为基础，以人为动力，以人为最终目的，满足人的文化需求，提高人的综合素质，竭诚尽力为人谋利益，全心全意为人服好务，千方百计促进人的全面发展，以此大力推动文化发展。一句话，社会稳定的文化方略以人为本就是以人为一切活动的出发点，充分反映人的利益、愿望和要求，一切为了人，一切依靠人，从而促进人的全面发展和文化的全面发展。文化发展、文化方略必须以满足人民精神文化需要、物质财富需要为出发点和落脚点，文化发展、文化方略是提高民众素质、保障社会安定和谐的需要。联合国教科文组织曾提出："发展最终以文化概念来定义，文化的繁荣是发展的最高目标。"① 文化发展、文化方略，就是要更好满足民众的公共文化服务需要、精神文化生活需要、物质财富生活需要，更好地保障民众的文化权益，保障社会的稳定。

① 唐志龙：文化的三重意蕴及创新视阈［J］. 马克思主义研究，2012（9）：101.

6.3 基于社会稳定的文化方略思考

实现社会稳定，需要思考文化方略，在社会稳定的文化方略思考中，不仅要树立文化维稳理念、确立文化维稳战略等，而且必须建立健全文化运行机制。

6.3.1 树立文化维稳理念 确立文化维稳战略

6.3.1.1 树立文化维稳理念

“理念是指一种理想的、永恒的、精神性的普遍范型。”① 理念作为一种思想，可以引导人们的行为。稳定压倒一切，社会稳定是社会发展的基础。文化从思想高度、理论广度、心灵深度去改变人、影响人。文化维稳就是文化以其实践性、科学性、目的性，切实落实社会主义核心价值体系，保障社会的安定，维护社会的稳定。社会主义核心价值观的价值引导、行为规范、目标导向等决定了其对社会稳定具有重要作用。因此，在区别先进文化与落后文化、优秀文化与精神文化时，一定要以社会主义核心价值体系作为其鉴别评判标准，社会主义核心价值体系也要给文化传承、文化选择指明方向。社会稳定的根本就在于人心思稳，而不是人心思反，全社会形成人心思稳的认同，主要依靠文化的价值标准作为其前提、作为其基础。树立文化维稳的理念，就需要各级党委和政府在制定维护社会稳定的政策、完善社会稳定的战略、思考社会稳定的对策时，从思想和行为上树立文化维稳的理念。

文化维稳就是让文化维护社会的稳定。文化发展的目的不仅在于人们更好地了解自己、完善自己，而且在于服务人们的生产生活、服务社

① 中国大百科全书（哲学卷）[M]. 北京：中国大百科全书出版社，1993：465.

会的发展、服务社会的稳定。文化通常会扭转人们的文化价值取向，纠正人们的偏离社会稳定正确发展轨迹的错误行为，文化是引领社会价值、指导个体价值的重要精神力量，不仅维护社会的稳定，而且确保社会得以可持续发展。通过文化的发展，提高人们的文化修养，提升人们的文化水平，满足人们文化的需要，不依靠文化就不可能有社会的稳定。因此，为实现社会的稳定，全社会要树立文化维稳的理念。

6.3.1.2 确立文化维稳的战略

文化在国家富强、民族振兴、社会稳定中的重要性不言而喻。文化体现了一个社会的内在形象，与社会和谐稳定息息相关。人类文明进步的历史充分表明，没有文化，一个国家是不可能富强的，一个社会是不可能稳定的。文化作为一个社会或国家精神力量的体现，作为物质力量的一种反映，其文化维稳战略地位随着社会发展变化而进一步凸显。当前我国处在社会转型期，一方面精神文化需求更加紧迫；另一方面社会矛盾却是更加突出，利益关系失衡造成的社会矛盾和社会风险因素有不断增长的趋势。如何满足文化需求、协调这些日趋复杂的利益关系，维护社会稳定，就应确立文化维稳的战略，发挥文化维稳的作用。文化维稳在社会和谐稳定中具有不可忽视的作用，文化维稳不仅涉及社会的稳定和发展，而且涉及社会的繁荣和命运。文化维稳一旦受到威胁，往往在深层次上动摇社会稳定的根基。确立文化维稳战略，促进文化发展，保障社会稳定，是社会稳定文化方略的重要组成部分。

确立文化维稳战略，需要文化组织保障战略、文化政策保障战略、文化投入保障战略。文化组织保障战略是文化维稳战略落到实处的关键。各级党委、政府和各级组织要从国家富强、民族振兴、社会和谐稳定等战略高度，充分认识文化维稳的重要意义，把文化维稳纳入各级党委、政府和各级组织的重要议事日程，把文化维稳摆在更加重要的位置，像重视经济工作一样重视文化工作，像抓经济工作一样抓文化工作。文化维稳战略需要文化政策保障战略。文化维稳战略离不开政策的支撑，需要用政策引路、用政策激励、用政策保障。健全、完善文化发展、文化方略的相关配套政策，为文化发展搭建好平台。文化维稳战略需要文化投入保障战略作支撑。近年来，随着经济的快速发展，各级政府对文化投入也在不断增加，文化事业得到了快速发展。文化维稳战略的实施需要各级党委、政府加大对文化发展的投入，建立文化投入保障战略作支撑。

6.3.1.3 倡导共同理想

理想是人们心灵世界的精神原动力，是人类特有的精神现象。“有无理想信念就像是一道分水岭。崇高理想和坚定的信念，应当是人生的奋斗目标、前进的动力和精神支柱。”① 理想是人的价值生活不可或缺的精神动力。所谓共同理想，就是一个国家和民族奋勇前进的精神动力，是社会大多数人共同的价值取向、价值目标和价值追求。十八大所倡导的富强、民主、文明、和谐是国家层面的价值目标，也是我国全体人民的共同理想。一个民族、一个国家有了共同理想，才能使全体国人有着共同的目标而奋斗。社会的意识形态越是纷繁复杂，就越需要共同的理想信念；社会越是多样化发展，就越需要共同的奋斗目标。越是价值观念多样，越是思想文化的多元，就越需要坚持一元化的主导价值和指导思想，就越需要坚持社会主义核心价值体系，确立和壮大民族的精神支撑，重视和巩固社会的理念信念。一个国家能否长治久安，一个社会能否保持稳定，在一定程度上取决于全体民众的道德素质，取决于是否有共同遵循的行为准则，是否有共同遵守的道德规范。共同理想指引人们的奋斗目标，提供实现社会稳定的思想基础。如果我国民众没有共同的理想信念，就不可能把13亿人民凝聚在一起，就没有真正意义上社会稳定的文化方略，实现社会稳定也就无从谈起。因此，在践行社会主义核心价值体系中，在社会稳定的文化方略中，要倡导共同理想。

---

① 夏伟东．思想道德修养［M］．北京：中国人民大学出版社，2004：275.

实现中华民族的伟大复兴，这是现阶段我国人民的共同理想。为了实现这个共同理想，一切有利于国家富强、民族团结、人民幸福、社会进步、人心凝聚的精神和思想，都应该受到保护、尊重和传承。共同理想集中体现在精神文明、政治民主、经济富强、社会稳定，我国的共同理想，能充分实现人与社会、人与自然、人类自身的协调发展，能充分反映人们的共同愿望、普遍追求、根本利益，能集中展示当今世界和我国发展新要求、新特征、新变化。因此，要倡导共同理想。

在全社会弘扬和树立我国共同理想，是促进文化发展、实施社会稳定文化方略的根本任务。这个共同理想，既是我国人民利益和愿望的根本体现，也是号召全国人民团结奋斗的精神旗帜。这个共同理想，既鼓舞人心，又实在具体。这个共同理想，具有强大的向心力、凝聚力和感召力。

共同理想具有包容性、必然性和广泛性，并且共同理想有着广泛的社会共识、具有深厚的民众基础。因此，建设我国特色社会主义共同理想能引导人们树立正确的价值观、人生观、世界观，“在整个社会形成共同的理想信念，培育稳定精神，营造稳定氛围，塑造稳定心态，最大限度地达成社会共同思想共识和理想基础，从而增加社会凝聚力，最终实现国家富强、民族复兴和人民富裕的奋斗目标”①。共同理想提升人们思想的凝聚力，给社会稳定的文化方略提供精神合力。共同的理想是文化认同的目标和导向，也是文化发展、社会稳定文化方略的清醒剂。在我国，人们有了社会主义的共同理想，就能够为了共同的价值追求，劲往一处使，心往一处想，就等于自觉地站到了同一面文化旗帜下。在多元文化并存的今天，如果没有共同理想作为人们前进的旗帜，那么多种文化之间的冲突、碰撞、摩擦就不能得到妥善的解决，甚至会呈现出文化无序状态，文化发展就无从谈起，整个社会也会是一盘散沙，无法

---

① 欧阳恩良．社会主义核心价值体系是社会主义和谐文化建设的灵魂 [J]. 贵州社会科学，2008 (2)：48.

实现稳定。所以，共同理想是加强社会团结和睦的精神合力，也是统率人们思想的黏合剂，也是社会稳定的文化方略之一。理想信念是人的精神生活的核心内容。理想信念越坚定、越崇高的人，其精神境界和人格就会越高尚。共同理想提高着人们的精神境界。在通往成功的路上，难免会遇到挫折，如果有远大的理想，就可以从中获得足够的自信，并不断用远大的理想激励自己，从困难中迅速解脱出来。有了崇高的我国特色社会主义共同理想作为自己的精神支柱，就会战胜各种困难、挫折，就不会被生活中的一些消极现象所迷惑，就能在道德发展的阶梯上不断攀登，就会成为一个人格完美、道德高尚的人。因此，共同理想是实现社会稳定的精神纽带。

6.3.1.4 弘扬民族精神

民族精神为文化发展提供了强大的精神力量，民族精神就是一个民族绝大多数社会民众所接受、所认同的价值取向、道德规范和思想品格之总和，它是一个民族薪火相传、生生不息的精神血脉。“在五千多年的发展中，中华民族形成了团结统一、爱好和平、勤劳勇敢、自强不息的伟大民族精神。”① 民族精神深深熔铸在我国社会主义核心价值体系之中，深深熔铸在民族的凝聚力、创造力和生命力之中。民族精神是一个民族发展的动力、延续的血脉、挺立的基石、崛起的支撑、自尊自强的精神标志。民族精神的内涵包括团结、爱国、敬业、勤劳、勇敢、友善等诸多方面，它们彼此是一个密不可分的、有机统一的统一体。其中，团结统一、爱好和平是从民族关系和国家关系中揭示着民族精神的内涵；爱国是我国民族精神的核心，它反映在民族精神的一切领域；勤劳勇敢、自强不息是从个体的精神状态与自然、社会的关系上反映着民族精神的内涵。江泽民说：“在我国历史上，爱国主义从来就是动员和

---

① 江泽民．全面建设小康社会开创中国特色社会主义事业新局面——在中国共产党第十六次全面代表大会上的报告［M］．北京：人民出版社，2002：559.

鼓舞人民团结奋斗的一面旗帜，是各族人民共同的精神支柱，在维护祖国统一和民族团结、抵御外来侵略和推动社会进步中，发挥了重大作用。”① 民族精神是各族人民共同的精神支柱，是推动我国社会发展的重要力量，在社会稳定的文化方略中，在践行社会主义核心价值体系中，要弘扬民族精神。

爱国主义是我国各族人民向心力和凝聚力的精神支柱与重要力量，以爱国主义为核心的民族精神为社会稳定提供了思想源泉。毛泽东早在 1935 年就深刻指出：“我们中华民族有同自己的敌人血战到底的气概……有自立于世界民族之林的能力。”② 爱国就是要爱我们的祖国，爱国主义成为我国现代化建设事业的重要力量源泉。邓小平也指出：“中国人民有自己的民族自尊心和自豪感，以热爱祖国为最大光荣，以损害社会主义祖国利益、尊严和荣誉为最大耻辱。”③ 这是对我国人民爱国主义精神的精辟总结。江泽民也指出：“我们所讲的爱国主义，作为一种体现人民群众对自己祖国深厚感情的崇高精神，是同促进历史发展密切联系在一起的。”④ 抗日战争胜利 60 周年的讲话中，胡锦涛也强调：“我们要大力弘扬以爱国主义为核心的民族精神。”⑤

诚然，无论哪个阶段的爱国主义，都是我国赖以发展、生存、自强、自立的精神支柱，都发挥着重要的作用。无论何时，爱国主义精神都激励着我国人民为国家的富强、为民族的振兴贡献自己的力量，也是将我国人民紧紧团结在一起的坚强纽带。以爱国主义为核心的民族精神是社会稳定文化方略强大的思想动力，成为我国人民战胜各种困难、取得各种成就的强大精神动力，成为中华民族五千年来生生不息、不断发

① 江泽民．爱国主义和我国知识分子的使命［N］．人民日报，1990-5-4（1）．

② 毛泽东．毛泽东选集（第 1 卷）［M］．北京：人民出版社，1991：161．

③ 邓小平．邓小平文选（第 3 卷）［M］．北京：人民出版社，1994：3．

④ 江泽民．江泽民文选（第 1 卷）［M］．北京：人民出版社，2006：121．

⑤ 胡锦涛．在纪念中国人民抗日战争暨世界反法西斯战争胜利 60 周年大会上的讲话［N］．人民日报，2005-9-4（2）．

展壮大的精神动力。

6.3.1.5 宣传时代精神

时代精神为文化发展、社会稳定的文化方略提供了强大的精神支柱，时代精神来源于实践，反映着社会的发展方向，引领着时代的潮流，标志着一个时代的精神文明，是一个国家、一个社会的民众最新的社会时尚、精神面貌和精神气质的综合体现。时代精神主要体现在社会的意识形态中，它是历史时代的客观本质及其发展趋势在社会精神生活领域的反映。在纷繁复杂的社会意识形态中，只有那些对所处社会发展具有积极影响、反映时代潮流、代表时代发展趋势的思想才是时代精神。党的十八大所倡导的自由、平等、公正、法治，也是时代精神的体现。在不同的历史时期，时代精神的内容也不同。时代精神随着时代的变化而不断发展，具有历史性、时代性特点。2001 年 1 月 10 日，江泽民在出席全国宣传部长会议时指出，面对新形势，特别需要在全社会和全党大力宣传和弘扬紧跟时代、勇于创新的精神，解放思想、实事求是的精神，务求实效、艰苦奋斗的精神，一往无前、知难而进的精神，无私奉献、淡泊名利的精神。这“五种精神”既凝聚了我国共产党长期奋斗的宝贵经验，又具有鲜明的时代特色；既体现了我国共产党的优良传统，又继承了中华民族的传统美德，是如今我国社会时代精神的重要内容。此五种精神，相辅相成，相互联系。其中，改革创新精神是我国当代时代精神的核心。

历史证明，以改革创新为核心的时代精神，是我国人民共同奋斗、团结一心的精神纽带。当前，强调自主创新，不断深化改革发展，改革创新精神是文化发展的一个重要时代特征。没有改革就没有富强，没有富强，就没有社会稳定。改革创新精神就是与时俱进、实事求是、解放思想、开拓进取的精神，是我国改革发展新时代的时代精神的精华，是我国优秀传统文化中具有的革新鼎新、与时俱进精神与当前时代特征相结合的产物。以改革创新为核心的时代精神推动着我国特色社会主义建设和改革事业不断发展，也推动文化不断进步、发展，也确保我国社会的稳定。改革开放以来，我国各族人民敢为人先、锐意进取的创新精神不断迸发。改革创新是我国兴旺发达的不竭动力，是我国繁荣发展的灵魂。时代精神是实现社会稳定，促进文化发展的不竭动力，在社会稳定的文化方略中，在践行社会主义核心价值体系中，要宣传时代精神。

6.3.2　吸收优秀文化　加强文化建设

6.3.2.1　合理借鉴国外文化资源

全球化是将世界各国融入一体化的过程，集团与集团之间、地区与地区之间、国与国之间的交流更为频繁，世界各国的关系更为密切，世界先进文化也拥有了进行更加广泛交流与传播的途径与机会，这就为世界各国文化间的相互借鉴与吸收提供了有利的条件，也为社会稳定文化方略的实施创造了良好的环境。社会稳定离不开文化的发展，社会稳定的文化方略离不开文化的借鉴。从世界范围来看，文化发展无一不是在借鉴、学习其他民族优秀文化的基础上形成的，美国文化是在吸收美洲文化、欧洲文化等的基础上发展起来的，欧洲文化是在吸收阿拉伯文化、印度文化和我国文化的过程中不断丰富发展起来的。不同文化间的沟通有助于消除国家偏见和隔阂，有利于在保护文化多样性的前提下促进文化的共同发展，有利于促进国家间经济、政治关系的发展。通过相互借鉴，相互吸收，可以实现文化的发展。创新因不同而迸发，交流因不同而必要，世界因不同而精彩。社会要稳定，文化要发展，社会稳定的文化方略就要学习借鉴国外文化。通过与国外比较、交流，更好地吸收、学习世界先进文化，可以更好地了解世界，更好地实现文化发展、实现社会的稳定。通过交流，既能将我国的优秀文化推向世界，又能增强世界对我国的了解。

我国文化与世界文化的互补性，使得社会稳定文化方略过程中更应借鉴国外文化，才能促进我国的文化更加丰富与完整，才能确保社会更加稳定。“中国文化与世界文化既有差异性，又有兼容性和互补性。这是由东西文化产生于不同的地理环境、有着不同的发展历史所决定的。东西文化存在差异是必然的，但这些差异有时恰好可以互补。”① 社会稳定的文化方略，“要认真研究和借鉴世界各国的文明成果，善于从其他国家和民族文化中汲取营养，发展自己”②。发展我国文化也并不需要排斥外国文化，相反，不同文化间的相互借鉴和学习，往往是推动文化进步与发展的重要力量。由于不同文化相互之间通过借鉴、交融，能将对方的优秀文化要素转化为自身文化发展的要素，从而丰富自身文化形态的功能和内容，使自身文化更具生命力。所以，对一切有利于提高我国人民精神境界的文化思想，一切有利于加强我国文化建设的有益经验，一切有利于社会稳定的文化价值，都应加以借鉴。纵观各国文化的发展史，“任何民族文化的创新和繁荣，都离不开对其他民族优秀文化成果的吸收和借鉴。古希腊文化的繁荣，包括了对埃及、巴比伦文化的吸收和借鉴；中国汉唐文化的繁荣，也由于吸收了印度、西域及至更加遥远的西方文化”③。所以，为了文化的发展，为了社会稳定的实现，就应正确处理好外来文化与本国文化的关系，坚持洋为中用，以中为主，合理借鉴，辩证取舍。只有吸收世界其他国家的优秀文化，才能不断增强我国文化的活力和创造力，才能不断推进我国文化的发展、创新，才能更好服务社会的稳定。

6.3.2.2 正确利用传统文化资源

所谓传统文化，就是从历史上传承下来的文化，传统文化相对于现代文化来说，是指历史上形成并流传至今的文化，相对于外来文化来

① 吴文娟．世界先进文化的内涵与我们的吸收［J］．上海社会科学院学术季刊，2001（4）：74.

② 崔新建．文化创新是文化建设的关键［J］．中国特色社会主义研究，2002（6）：88.

③ 颜晓峰．当代中国马克思哲学思想研究［M］．北京：人民出版社，2005：226.

说，是指母文化或本土文化。与传统相比，传统文化是传统的观念形态，只是它带有自觉性的色彩。不同的传统文化形态是由不同的价值观念为内核构成的。传统文化对一个民族的发展和形成起着十分重要的作用。我国传统文化中有许多值得弘扬和继承的优秀遗产，如我国传统文化含有的顾全大局、重义轻利的行为规范和反对分裂、崇尚统一的价值取向等。传统文化的发展是一个民族进步和发展的必要条件，是一个国家和社会得以稳定的重要保障。

我国传统文化积淀传承至今，有其精华、精髓，也有其糟粕、落后的成分，传统文化深刻影响着我国人民的生活方式、价值观念。对我国的传统文化要进行扬弃，剔除糟粕，汲取精华，必须立足于我国特色社会主义的实践，着眼于推陈出新，古为今用。社会稳定的文化方略要充分融汇时代精神与社会蕴涵，紧密结合生活实际与改革实践，既要充满现代性，又要具有原创性，既要继承传统，又要保持民族性。“只有这样，我们的文化创新，才能成为中华民族文化发展的新阶段或新形态，才能真正成为中国特色的社会主义文化。”①

传统文化的发展在历史进程中表现为传统文化自身的双向分化，即那些不能适合现实要求的部分则遭到淘汰，变成死文化，而传统文化中有生命力的东西作为活文化而继续流传。社会中每一代人都是文化的继承者，都是在特定的文化环境中生活、成长，一方面深受文化传统的影响，另一方面又创造、积淀新的文化。人们根据现实需要解读和选择传统文化，对其价值作出新的解读。传统文化中不利于和阻碍现实主体利益的则作为糟粕被淘汰出去，符合和顺应现实要求的被继承下去。前代人的筛选与判断在后代人那里也同样存在。世代更迭，人们反复咀嚼着那些曾经有过优劣结论的东西。如此反反复复，让不能促进社会发展的文化逐渐消失，而经常受到赞誉的文化因素愈加显示其生命力，成为活

① 崔新建．文化创新是文化建设的关键［J］．中国特色社会主义研究，2002（6）：87.

文化。

正确利用传统文化资源，一要加强文化遗产保护，继承和弘扬中华民族优秀的传统文化，不断增强文化对于人民群众的凝聚力和向心力，能够丰富人民的精神文化生活。传统文化对于社会发展的作用是毋庸置疑的，它的凝聚力关系着整个社会、民族的发展。并且要对民族传统文化进行重新认识，并合理地开发和利用，使其不断满足当代人民群众对于文化的多样性需要。二是要加强开展爱国主义教育和本土优秀文化教育的普及活动，增强人民群众对本土文化的认同感和自豪感，深挖民族传统节日内涵，民族传统风俗习惯，弘扬民族精神，从而自觉的继承优秀历史文化传统。三是在新的历史发展时期，要采取切实有效的措施，加强对传统文化资源的挖掘、整理，发扬传统文化的优良传统，使之古为今用，创新更多的文化产品。传统文化保护的越好，能为文化的创新创造充分的条件。

6.3.2.3 加强文化建设

社会稳定是发展的保障，是改革的前提，是幸福的源泉，社会稳定包括人们思想的稳定、人们价值文化观念的稳定。加强文化建设，化解人们文化领域的冲突、矛盾，对实现社会稳定具有重要的作用。文化是人类得以生存、发展的依托和根基，人类只有在不断创造文化过程中才能更好地发展自己、成长自己、完善自己。如果没有经过具体文化的教化、影响，人的生存、发展必定是无源之水；如果不能对当前文化加以创造，人类将难以生存，社会也将难以稳定和发展。文化不应该漫无边际地发展和建设，更不存在完美无缺的文化，文化本身需要人自主地规划、控制、创新、管理、完善和建设。

注重文化建设，首先就要大力开展丰富多彩、健康向上的文化活动，丰富人们的文化生活，实现社会的稳定。开展丰富多彩、健康向上的文化活动，不仅可以更好地满足人们日益增长的文化需求，更能提升人们的道德境界，缓解人们的生活压力，化解社会矛盾，增强社会的向心力和凝聚力，也能调节人与人、人与社会、人与自然等的关系，从而维护社会的稳定。其次要加强文化的管理，构建科学合理、规范有序的文化环境。我国正处于社会转型期，人们的价值取向、行为标准，思维方式等正不断发生着调整和变化，特别是西方敌对势力利用我国社会转型，利用全球化的背景，利用其科技等优势，加强对我国文化领域进行渗透，扰乱人们的思想，破坏社会的稳定。因此，要加强对文化传播、文化生产、文化引进、文化市场等方面的管理。再次，要加强文化精品的创作，为人们不断创造良好的精神文化作品，实现社会稳定。精品代表着一个时代、一个国家所能达到的文化深度和精神高度。只有精品，才具有吸引力；只有精品，才具有生命力。文化建设要加强文化精品的创作，关乎民族的文明程度，关乎社会的稳定。最后，要坚持先进文化的前进方向，加强文化的投资，营造良好的社会环境，实现社会稳定。重视文化就是重视国力，文化的建设就是国家综合实力的建设，文化的投资就是国家综合实力的投资。一个社会能否安定，很大程度上取决于先进文化的建设。建设什么样的文化发展理念，坚持什么样的文化发展方向，是决定一个社会稳定程度的保证。先进文化就是顺应社会发展方向，揭示社会发展规律，符合人类发展进步的文化。先进文化能将维护社会稳定的价值观念、文化精髓等内化于人们的内心，外化于人们的行为，从而维护着社会的稳定。

首先，文化建设要坚持社会主义核心价值体系，引领和整合社会思潮，实现社会稳定。

社会主义核心价值体系是保障社会主义性质和方向的根本所在，是社会主义意识形态的本质反映，是当代中国文化“魂”的体现。社会主义核心价值体系借鉴和吸收了人类文明的优秀成果，发展和继承了我们伟大民族的优秀传统文化，是我国一切文化产品创作、生产和传播的生命，它是一个与时俱进、开放包容的体系，具有引领和整合社会意识、社会思潮的功能。“社会思潮是一定时期内反映一定阶级、阶层利益和要求且得到广泛传播，并对社会生活产生一定影响和作用的思想倾向、思想潮流。"① 唯有敢于面对各种社会思潮，并坚持社会主义核心价值体系，才能最大限度地形成社会共识，才能引领和整合社会思潮，实现社会稳定。面对社会结构深刻变动、经济体制深刻变革、思想观念深刻变化、利益格局深刻调整的新形势，使得我国各种社会思潮风起云涌，或多或少影响着社会稳定。文化建设坚持社会主义核心价值体系是引领和整合社会思潮的重要任务，是增强中国特色社会主义理论吸引力、感召力和凝聚力的重要抓手，是实现社会稳定的重要保障。

从现实的视野来看，我国正处于一个大发展、大繁荣、大变革的时代，经济全球化不断加强，不同文明交流更加频繁，使得各种观念相互碰撞，各种思想文化相互交融、相互激荡，人们思想活动的差异性、选择性、独立性、多变性不断增强，社会大众的价值观也呈现出多样化趋势，各种社会思潮空前活跃、不断涌现。特别是一些消极的、颓废的、错误的社会思潮也有所滋长，这些消极社会思潮的滋长，导致人心不稳、民心不安，不利于社会的稳定。实践一再证明，消极错误的社会思潮固然要加以抵制和批判，但更要加以正面引导。文化建设只有坚持社会主义核心价值体系，才能抵制消极的思想意识，才能引领和整合社会思潮，也才能实现社会稳定。

从历史的视野看，文化建设坚持社会主义核心价值体系，引领和整合社会思潮，符合社会发展的运动规律，是古今中外安民固邦、维护社会稳定的经验教训给出的重要启示。每个社会都会存在多种多样的价值取向和价值观念，要把全社会的力量和意志凝聚起来，发展主流意识形态、形成积极健康向上的社会思潮，必须有一套具有广泛社会共识，且与政治制度和经济基础相适应的核心价值体系，这是社会系统得以正常运转，社会秩序得以正常维持的基本寄托。

其次，文化建设要加强文化精品的创作生产，为人民群众提供精神

① 汪勇．社会思潮对当代中国马克思主义的挑战和应对［J］．河南理工大学学报（社会科学版），2011（2）：152-153．

食粮，实现社会稳定。

精品代表着一个时代、一个国家所能达到的文化深度和精神高度。只有精品，才具有吸引力；只有精品，才具有生命力。文化精品是知识性、思想性、观赏性、艺术性俱佳的优秀作品，能够充分体现文化服务社会、教育民众、引领风尚、推动发展、实现社会稳定的作用。文化建设要加强文化精品的创作生产，为人民群众提供良好的精神食粮，关乎民族的文明程度，关乎社会民众的心灵世界，关乎社会的健康可持续发展，也关乎社会稳定。文化精品的创作生产，是社会主义核心价值体系的重要载体，是社会主义文化大发展大繁荣的重要标志，是社会民众精神食粮的重要源泉，是实现社会稳定的重要保障。回顾我国五千多年的发展史，社会稳定期无不是文化精品创作的活跃期。维护社会的稳定、实现中华民族的伟大复兴和确保社会主义文化大发展大繁荣，就要求创作一大批体现时代风貌、反映民族精神的文化精品。用文化精品为广大民众提供良好的精神食粮，通过文化精品凝聚人心、陶冶情操、激发斗志，引领社会大众的精神世界，发挥文化精品教育民众、引导风尚，实现社会稳定的功能。没有文化精品的创作生产，就没有社会主义文化大发展大繁荣，也就没有社会的稳定。

文化精品是人们认识世界、改造世界的重要工具，是推动社会进步和实现社会稳定的重要力量。2010 年 3 月，时任总理温家宝在政府工作报告中强调，“文化是一个民族的精神和灵魂，是一个民族真正有力量的决定性因素，可以深刻影响一个国家发展的进程，改变一个民族的命运”①。当今中国正处于一个伟大的时代，伟大的时代迫切需要伟大的作品。文化建设中加强文化精品的创作生产，是符合人民群众新期待、顺应时代新要求的必然举措。加强文化精品的创作生产是满足人民群众日益增长文化需求的需要。文化精品是对时代精神的充分展示和对

① 温家宝在十一届全国人大三次会议开幕会上作政府工作报告 [N]. 人民日报，2010-3-6 (1).

人民群众的有益教育，它能给社会大众以信心、力量和向上的信念，能充分地调动和发挥社会大众积极性、主动性和创造性；它作用于社会成员的心灵，关系到社会大众的道德情操、思想观念，关系到社会的稳定。

再次，文化建设要依靠高质量的文化人才队伍，推进我国文化创新，抵制西方国家文化扩张，实现社会稳定。

随着经济全球化不断发展，世界各国间相互依存、相互交往的程度不断加强，积极参与经济全球化成为世界上越来越多国家的共同选择。诚然，经济全球化对人类社会发展具有两面性，一方面，经济全球化促进了生产力的快速发展，推动着人类社会的发展和进步，为人类社会创造了巨大的物质财富，具有重要的进步意义。另一方面，经济全球化也存在着负面影响。如以美国为代表的西方国家作为经济全球化的倡导者和推动者，它们凭借信息化与市场化，大力推行文化霸权，利用在当代国际社会中的技术与经济的强势地位，把全球化异化为一种文化扩张运动，总是想方设法地要按照它们自己的价值和意愿去建构世界。面对美国等一些西方国家文化扩张和挑战，越来越多的有志之识认识到文化安全、文化主权的重要，认识到文化建设要依靠高质量的文化人才队伍，认识到推进文化创新、抵制西方国家文化扩张是实现社会稳定的可靠保证。

面对新形势，文化在国际间相互竞争中的地位和作用更加突出，在维护社会稳定任务更加重要。同时，我国已进入加快转变经济发展方式、深化改革开放和全面建设小康社会的关键时期，文化人才队伍越来越成为社会经济发展的重要因素，越来越成为国家富强的重要支撑，越来越成为社会民众创新能力的重要源泉，越来越成为实现社会稳定的重要力量。

根据近年来《中国统计年鉴》的统计数据表明，我国文化系统从业人员职称结构、学历结构偏低，出现高素质综合型人才严重不足的现状。无论是满足社会大众的精神文化需要，还是为了建设文化强国的目标需要；无论是抵制西方国家文化扩张，还是进一步推进我国文化创新；无论是保持社会经济健康发展，还是为了实现社会的稳定，都需要高质量的文化人才队伍。而文化人才队伍的缺乏，特别是复合型、高素质综合型人才的缺乏，已经严重阻碍文化产业的发展，也制约到我国社会经济发展和社会稳定。因此，大力培养一批高质量的文化人才队伍，不断发挥文化人才队伍的潜力，是促进文化产业健康发展的关键所在，也是实现社会稳定的动力所在。

并且，文化建设要坚持先进文化的前进方向，营造良好的社会环境，实现社会稳定。

一个社会能否有序运转及稳定发展，很大程度上取决于协调各种利害冲突的社会结构是否完善，取决于先进文化，取决于政治局面的稳定和人民生活的改善，更取决于是否具有良好的社会环境。“所谓先进文化，是指符合历史潮流，顺应人类社会发展规律，揭示人类社会未来发展方向，为人类社会文明进步提供强有力的思想保证、精神动力和智力支持的文化。”① 先进文化是人类文明进步的结晶，先进文化能教化社会成员，能规范社会成员的行为、凝聚社会的共识，能营造良好的社会环境，可以将维护社会稳定内化于社会成员的内心，外化于社会成员的行为。文化建设坚持先进文化的前进方向，是增强社会凝聚力的必然要求，也是实现社会稳定的必然要求。

随着改革开放的深入发展，人们的社会生活和我国的社会结构都发生了深刻的变化，人们的思想观念、意识形态也随之发生着深刻的变化，人们思想活动的差异性、多变性、独立性等明显增强，各种社会矛盾时有发生。实现社会稳定的过程，就是不断化解社会矛盾的过程，就是不断营造良好社会环境的过程。先进文化能引导社会成员用正确合理的立场、方法去思考未来；能倡导社会成员互帮互助、团结友爱、友好

① 曲洪志. 重视文化建设，促进社会稳定［J］. 马克思主义与现实，2005（6）：127 .

相处；能培养社会成员用理性的思维去处理矛盾，避免人们思想认识步入误区；形成增进融合、凝聚人心、弘扬正气、化解矛盾、整合认识的社会风尚。总之，文化建设要坚持先进文化的前进方向，能协调各种社会矛盾、各种利益关系，能够构建全社会的共同精神家园，实现社会的稳定。

6.3.3　坚持依法维稳　培育法治文化

6.3.3.1　加强法制建设

社会的稳定，首先应该是社会大众思想的稳定。如果民众具有自私自利、呆板片面、尔虞我诈、贪婪僵化、敌视社会等阴暗心理，或者具有狂热、极端、狭隘、惰性等劣性心态，那么这种内心的不稳定必然会导致行动上的不稳定，也必然会导致社会的不稳定。如果贫富差别扩大、腐败现象滋生蔓延、自然生态环境恶化、道德缺失和信仰危机，也必然会导致社会的不稳定。只有加强法制建设，才能利于法制环境的优化、法制机制的完善、法制观念的改善，才能避免社会民众的阴暗心理和劣性心态，才能规范民众的意识、净化民众的思想、整顿民众的思想秩序，也才能让正义的情感占据人们的心灵，让自尊自强、互敬互爱、团结友爱、和睦相处、奉献自律等信仰充斥人们的行为。依靠法制建设达到鞭笞假丑恶，褒扬真善美，调节人与人、人与自然、人与社会的关系，增强人们的法律行为能力，提高人们的法律素质和法律意识，构建法治国家，实现社会稳定。

社会稳定强调社会运行的有序，反对社会运行的无序。社会上，不同的人们有不同的观念，不同的人们也有不同的要求，不同的人们也有不同的利益，这些差异往往会使人们产生矛盾，使社会发生冲突。社会稳定既包括人与人关系的稳定，也包括人和社会关系、人与自然关系的稳定。加强法制建设，可以化解社会矛盾，协调人与人、人与社会、人与自然的关系，协调人们的利益，保障社会的有序运行。所以，建立健全法律制度，加强法制建设，是社会稳定的保障。加强法制建设，就应该以科学民主的立法来确定正义的规则，以严格规范的执法来维护正义的实施，以公正独立的司法来保障正义的实现，最终实现社会的稳定。

科学民主立法，就是在立法中坚持以人为本，坚持科学民主的原则，不断完善实现社会稳定的法律制度，使法律法规覆盖政治、经济、生态、文化等各领域。党的十八届四中全会提出："法律是治国之重器，良法是善治之前提。"① 科学民主立法，就应结合实际、立足国情，加强立法研究，把握立法规律，提高立法水平，更新立法理念，完善立法制度，确保立法实效，注重科学立法、民主立法，制定完善好保障人们权利、推动社会进步，维护社会公平，创新社会管理，实现社会稳定的法律。要实现社会稳定，需要采取很多方法，如政治的手段、经济的手段、文化的手段、道德的手段等，而法律的手段可以说是综合运用了多种手段。文化领域的科学民主立法必然扎根于政治的土壤，表达着法律的个性，包含着道德的基因，伴随着文化的底蕴，又将多种手段有机地结合在一起，陶冶着民众的情操，整合着民众的思潮，消解社会不稳定的因素，努力提升人的主体地位，增强社会稳定的因素，达到社会的稳定状态。文化领域的法律能引导社会大众形成各种正确的价值观念，对社会大众的道德、价值、信仰、行为等具有调节和引导的作用。文化领域的法律一经时代所认可、大众所认同，就会规范引导协调社会大众的行为，就会在人们内心形成固定的价值观念、行为准则。法制建设可以引导社会民众形成正确的价值观念，整合社会民众的思想，规范社会成员的行为，避免和减少社会冲突，进而保持和实现社会稳定。

严格规范执法，关系到社会运行是否有序，关系到社会稳定能否实现，关系到社会公平正义能否实现，严格规范执法必须克服权力、金

① 中国共产党第十八届中央委员会第四次全体会议公报［N］. 人民日报，2014-10-24（1）.

钱、人情等因素对执法的干扰和破坏，必须克服粗暴执法、简单执法、有法不依、执法不严、不作为执法、乱作为执法等，必须做到有法必依、有法可依、执法必严。法律在社会生活中具有最大的效力和最高的权威，所有个人及组织都必须尊敬法律、服从法律、敬畏法律，必须严格依法办事，如果有法不依，法制建设只能是空谈。可以说，权大于法、权力至上的人治观念从某种程度上阻碍着法律的贯彻实施。法律必须至上，必须严格规范执法，否则它将形同虚设。

公正独立司法，就是坚持司法的独立，确保司法的公正。党的十八届四中全会提出："公正是法治的生命线。"① 公正独立司法，是化解民众矛盾，保障社会公平，维护社会稳定的基石。司法的独立性，是协调人与人、人与社会、人与自然关系的保障，因此，时时处处都必须坚持司法的独立性、公正性。化解社会冲突、实现社会稳定，应充分发挥司法应有的作用，充分确保司法维护正义、公正、公平的功能。

6.3.3.2 增强法律信仰

随着我国改革的全面深入和社会的全面转型，导致社会不稳定的因素增多。心理失衡、群体事件、贫富差距、资源分配、环境污染、腐败现象、机会不公等都影响着社会的稳定。如果人们遵守法律、信仰法律，一些影响社会不稳定的因素就可以合理地加以解决。因此，人们遵纪守法，人们尊重法律、接受法律、认可法律，增强人们的法律信仰，是实现社会稳定的基本条件。"法律必须被信仰，否则它形同虚设。"②

增强人们的法律信仰，首先要增强人们的权利意识。权利是法律的核心，如果法律没有权利，法律必定是空洞的、是虚设的。如果法律没有权利，如果法律不能保障人们的权利，人们不可能尊重法律、接受法律、认可法律。而权利的实现，得益于权利意识的存在。权利意识是正

---

① 中国共产党第十八届中央委员会第四次全体会议公报［N］. 人民日报，2014-10-24（1）.

② ［美］哈罗德·J. 伯尔曼. 法律与宗教［M］. 北京：三联出版社，1991：337.

义、民主、公正的精髓，是自由、道德、稳定的标尺，民主、自由、平等、公正等观念，能消除不良的特权思想，能促进人们彼此尊重、平等待人，正解处理好人与人、人与社会、人与自然的关系。可以说，如果没有权利意识，权利就不会真正实现；如果权利不能实现，人们就不会有对法律的信仰。增强人们的法律信仰，其次要增强人们的法律意识。一般来讲，社会大众对法律理解愈深、了解越多，对法律的践行、认同则越自觉，对法律的认识则越理性，对法律也就会越有情感。所以，只有不断增强全民的法律意识，使社会大众都能懂法、知法、重法、守法、爱法、护法，使法律情感、法律思维方式、法律观念和法律行为模式成为社会主流，才能树立起法律权威和法律信仰，才能树立法律至上的理念。作为一种观念，一个追求的目标，法律至上理念还需要在全社会加以推广与宣传。增强人们的法律信仰，再次要加强人们对法律制度、法律精神的学习。法律信仰的增强，有赖于法律理念的内化，而法律理念的内化则主要在于学习。只有学法，才能懂法、知法、守法、护法，才能敬畏法律、信仰法律。只有加强法律的学习，才能认同法律的价值，才能坚定法律的信念，才能增强人们对法律的信仰，才能促使人们把法律作为自己的行为准则，把法律作为自己的信仰追求，从而有利于社会的稳定。应采取多种方式、通过多种途径向人们灌输法律知识，使人们知法、懂法、守法、用法，提高人们的法律素养。应通过多种方式、多种形式加强法制宣传，使人们知道什么是法、什么是违法、法律会保护什么样的行为、法律会惩罚什么样的行为，从而养成守法的习惯，养成依法办事的意识。

6.3.3.3　培育法治文化

党的十八大提出，“法治是治国理政的基本方式”①。社会稳定一

① 中共中央文献研究室编．习近平关于全面依法治国论述摘编［M］．北京：中央文献出版社，2015：5.

直是人类努力追求的目标，而一定的文化是一定社会得以发展进步的关键。文化反映的是社会的共同追求，一旦被民众所接受，就会产生巨大的影响力。“一切法律之中最重要的法律，既不铭刻在大理石上，也不刻在铜表上，而是铭刻在公民的内心里，它形成国家的真正宪法。它每天都在获得新的力量，当其他法律衰老或消灭的时候，它可复活那些法律，代替那些法律；它可以保持一个民族精神。”① 这种巨大的精神力量就是法治文化。

法法文化能引导社会大众形成各种正确的价值观念，对社会大众的道德、价值、信仰、行为等具有调节和引导的作用。法治文化一经时代所认可、大众所认同，就会规范引导协调社会大众的行为，就会在人们内心形成固定的价值观念、行为准则。培育法治文化可以引导社会民众形成正确的价值观念，整合社会民众的思想，规范社会成员的行为，避免和减少社会冲突，进而保持和实现社会稳定。只有通过培育法治文化，才能利于法制环境的优化、法制机制的完善、法制观念的改善，才能避免社会民众的阴暗心理和劣性心态，才能规范民众的意识、净化民众的思想、整顿民众的思想秩序，也才能让正义的情感占据人们的心灵，让自尊自强、互敬互爱、团结友爱、和睦相处、奉献自律等信仰充斥人们的行为。依靠法治化达到鞭笞假丑恶，褒扬真善美，调节人与人、人与自然、人与社会的关系，增强人们的法律行为能力，提高人们的法律素质和法律意识，构建法治国家，实现社会稳定。

法治文化的价值，在于它协调着各种社会主体的利益关系，促进着人与人、人与社会、人与自然等关系稳定，保障着社会民众的利益，倡导着社会的稳定，也在于它对社会生活发挥着引领规范凝聚等作用，给稳定以赞扬、肯定和倡导，鼓励稳定因素的增长。法治文化可以引导社会民众形成正确的价值观念，整合社会民众的思想，规范社会成员的行为，避免和减少社会冲突，进而保持和实现社会稳定。实现社会稳定，

① ［法］卢梭．社会契约论（第二卷）［M］．北京：商务印书馆，1980：20.

必须要保障社会民众的利益，保障社会民众政治、经济、文化等生活的权利，确保社会大众有尊严的工作、生活，确保社会大众平等地履行法律的义务、公平地享有法律的权利，使社会稳定真正得以实现。通过法治文化建设，从而在思想、理论和实践等方面对社会稳定加以规范、引导，保障有利于社会稳定机制的建立，避免破坏社会稳定的因素产生，保障有利于社会稳定的生成环境，因而给社会稳定以有力保障。

培育法治文化，首先要树立法律至上的理念，一个社会、一个国家能不能走向法治，能不能实现全社会遵法、守法，能不能培育先进的法治文化，能不能实现社会稳定，关键在于能否树立法律至上的理念。培育法治文化，在于必须树立法律至上的理念，没有对法律的信仰，没有树立法律至上的理念，培育法治文化永远只能是空中楼阁、社会稳定也永远只能是空中楼阁。所以，培育法治文化，就必须培养社会大众对法律的信仰，必须更新社会民众的法制观念，必须在全社会树立法律至上的理念。树立法律至上的理念是培育法治文化的重要基础，社会大众遵守法律的根本原因在于社会大众发自内心的相信法律、尊重法律、接受法律。基于社会稳定的文化方略，法律至上就必然成为我们追求的价值目标，法律应当高于一切权力、高于一切规范、高于一切权威。那么如何树立法律至上的理念呢？其一，要深刻理解法律至上的内涵。法律至上不是讲法律的地位在人之上，而是强调法律应该成为社会各种规范中的最高规范，法律至上就是任何组织、任何个人都服从法律，法律至上意味着法律是社会秩序确立的重要依靠，法律至上就是法律支配权力而不是权力支配法律。法律至上的理念是社会大众最真诚、最心悦诚服的对法律至上权威的理念，是社会大众对法律在理性认识的基础上油然而生的神圣体验，是对法律发自内心的认同感和归属感，是民众对法律的理性升华和对法律认识的最高境界。其二，要培养和增强全民的法律意识。一般来讲，社会大众对法律理解越深、了解越多，对法律的践行、认同则越自觉，对法律的认识则越理性，对法律也就会越有情感。所以，只有不断地增强全民的法律意识，使社会大众都能懂法、知法、重法、守法、爱法、护法，使法律情感、法律思维方式、法律观念和法律行为模式成为社会主流，才能树立起法律权威和法律信仰，才能树立法律至上的理念。作为一种观念，一个追求的目标，法律至上理念还需要在全社会加以推广与宣传。其三，必须严格依法办事。培育法治文化的基础是要求树立法律至上的理念，法律在社会生活中具有最大的效力和最高的权威，所有个人及组织都必须尊敬法律、服从法律、敬畏法律，必须严格依法办事，如果有法不依，培育法治文化只能是空谈。可以说，权大于法、权力至上的人治观念从某种程度上阻碍着法律的贯彻实施。法律必须至上，必须严格依法办事，否则它将形同虚设。

培育法治文化，其次要坚持人本法律观。人作为能够进行自我教育、自我发展、自我完善、自我实现、自我创造的存在物，用自力、自觉、自强的状态创造着自身的全部生活和整个人类历史。在实现社会稳定的过程中，必须坚持以人为本的观点，以人为本就是以人为动力，以人为目的，以人为本源；就是一切依靠人，一切为了人，一切归功于人，一切从人出发。“人是万物的尺度，是存在的事物存在的尺度，也是不存在事物不存在的尺度。”① 人本法律观是实现人的自由全面发展的根本需求，发展的最终目的在于实现人的自由而全面的发展，人的发展不仅应该是全面的，更应该是自由的。人本法律观要求法律从人权与人本的角度来重视人的自由而全面的发展，使每个人都有权充分全面发展自己、全面实现自己。人本法律观对审视法律的理念和培育法治文化具有重要的意义，人本法律观是培育法治文化的重要保障，人本法律观的基本价值就是努力维护社会稳定。坚持人本法律观，就是要切实考虑人的尊严和人的价值，坚持以人的价值来衡量一切法律现象。人本法律观是一种理想的法律价值观，人本法律观以人为中心，以人为目的，以人为核心，制定法律时切实考虑人的尊严、利益和感受，努力维护与实现人类的尊严与人的价值，努力将人的价值作为法律的最高价值。人是

① 阎国忠．古希腊罗马哲学［M］．北京：北京大学出版社，1983：138.

有社会属性和差别的，不能因法律的形式平等而忽视人的社会属性上的实质差异，应尽可能重视人的社会属性上的差异，尽一切可能尊重人的尊严。人本法律观反对仅仅将人作为一个工具或手段，人本法律观的最本质特征在于实现人的全面而自由的发展，它在注重人与人的关系的同时，还强调人与自然、人与社会的关系，这种发展真正体现了以人为本，真正关注着法治文化的培育，关注着社会的稳定。

培育法治文化，再次要合理借鉴我国传统和西方国家法律文化中的优秀成果。“传统文化所蕴含的、代代相传的思维方式、价值观念、行为准则，一方面具有强烈的历史性、遗传性，另一方面又具有鲜活的现实性、变异性，它无时无刻不在影响、制约着今天的中国人，为我们开创新文化提供历史的根据和现实的基础。”① 传统文化是有生命力的，它是一个民族、一个国家数百年甚至数千年的历史在民众思维中的沉淀，法律文化伴随着传统文化的基因。我国传统法律文化源远流长，包含着许多优秀成果，如注重调解、道德教化、国家至上、严谨的制定法等，培育法治文化就要继承我国传统法治文化中的精华。传统法治文化的优秀成果，在培育法治文化中可以合理借鉴，为实现社会稳定所用。世界各国法治文化具有相互吸收、共同融合的特性，西方法治文化和我国传统法治文化一样，都是人类法治文化宝库中的重要组成部分。借鉴西方国家法治文化中的优秀成果，对培育法治文化有着重大的作用。在法治文化培育中借鉴人类文明的一切优秀成果，是必然的，也是必需的。在西方法治文化中，诸如法律至上、人权保障、权利本位、权力制约等内容，在法治文化培育中，只有不断加以鉴别和吸收，我国法治文化培育才能不断发展与创新。合理借鉴传统法治文化和西方法治文化中的优秀成果，一方面对西方法治文化的优秀成果要加以鉴别和合理吸引，另一方面就是要合理吸收传统法治文化中的优秀成果，当然，这种

① 张岱年、万克立．中国文化概论［M］．北京：北京师范大学出版社，2004：7.

借鉴和吸收不能是照抄照搬，而是要进行认真科学合理的分析和甄别，采取不同的方式选择那些对我国法治文化培育有益的内容，从而使法治文化更好地服务于社会的稳定。

培育法治文化，要确保法律正义公平。正义与公平的概念在理解上有着细微差异，但两者在实际应用上并没有什么实质的差别。正义是指正确的、公正的或正当的道理，与正直、公道、正当、公平等相关。而公平则是指处理事情合情合理，不偏袒任何方面。法律正义公平是人类社会的一种最基本的价值目标和价值追求，是社会稳定得以实现的前提，是培育法治文化的根本。正义公平在实现社会稳定的进程中具有非常重要的地位，是支撑社会稳定的重要支柱；没有社会的正义与公平，实现社会稳定就必然成为一句空话。国家要长治久安，社会必须保持稳定。正义公平与法律之间必然紧密相连，自从人类社会存在着正义与不正义、公平与不公平的社会现象以来，正义公平一直作为人类社会的崇高理想和最终价值，法律也一直作为维护和促进正义公平的工具和手段。法律的精神，就在正义公平，正义公平既是法律的一种最基本的价值目标，也是法律的一种最基本的价值评价依据，在社会大众寻求法律保护、渴望法律帮助时，在法律制裁犯罪时，公平能否得以维护，正义能否得以彰显，既是法律正义公平得以认定的标尺，也是法律生存的土壤，更是培育法治文化的保障，只有法律立足于正义公平，才能使培育法治文化得到保障。没有正义公平的地方，法律是不可能存在的，培育法治文化也是不可能的，以法治文化实现社会稳定也是不可能的。因此，培育法治文化必须确保法律正义公平，法律正义公平是真正实现法治国家、法治社会的内驱力，如果法律正义公平不能确保，法治文化也不能继续建设。法律正义公平是培育法治文化的根本，要确保法律正义公平，要确保社会稳定，就在于各级政府都能坚持正义公平。因为正义公平是协调、消除社会各种矛盾的有力武器和思想基础。只有维护公平正义，才能推动经济健康发展、促进社会和谐稳定。坚持法律正义公平，才能使社会不同利益阶层各显其能、和谐共处、各得其所。各级政府只有坚持法律正义公平，才能得到社会民众的衷心拥护，人与人、人与自然、人与社会的关系才能融洽。因此，追求法律正义公平是培育法治文化的根本，是实现社会稳定的精神基础，没有法律正义公平就没有社会稳定。

6.3.4 匡扶社会道德 铸就信仰文化

6.3.4.1 匡扶社会道德

道德代表着社会的价值取向，衡量着人们的行为方式，不同社会、不同时代、不同阶级有着不同的道德观念。道德可以作为衡量一个社会、一个国家的发展水平，也可以作为衡量一个民族的综合素质，在人们的社会生活中，发挥着重要的作用。良好的道德是社会稳定的基础，也是国家发展的动力。在我国5000多年的灿烂文明中，我国传统道德以其巨大的影响力和独特风采闻名遐迩，这也是我国传统道德魅力、价值之所在。当前，我国处于社会转型期，社会很多领域都在发生着变化：产品经济、计划经济向商品经济、市场经济转型，封闭、半封闭社会向开放型社会转型，乡村社会向城镇社会转型，伦理型社会向法理型社会转型，农村社会向工业社会转型，等等。而且这个转型的深度在加强，速度也正在加快。当前，随着社会生活的转型，道德体系随之发生变化，存在着新旧交替、中西碰撞与融合的转型过程。计划经济体制向市场经济体制转变，传统农业社会向现代工业社会转变，动摇着旧的道德体系，而新的道德体系尚未形成，社会上一部分人原有的内心道德标准发生着变化，而新的内心道德标准还没确立，道德体系处于失范的状态。

在一段时间和一些地方，我国社会出现的道德滑坡现象，美丑、善恶、是非界限混淆；极端个人主义、拜金主义的现象时有发生；损公肥私、见利忘义的现象有所滋长；欺骗欺诈、不讲信用的现象不断出现，等等。造成道德滑坡的原因是多方面的，有社会的原因，有经济的原因，有改革的原因等。面对这些原因，在匡扶社会道德时，应引起足够的重视。匡扶社会道德，首先应以社会主义核心价值观为指导。社会主义核心价值观是当前我国核心价值的科学总结、理性表达，社会主义核心价值观不仅包含了国家、集体、个人之间的关系，而且也包含了人与人、人与社会、人与自然的关系，不仅涉及了传统道德美德与现实的市场经济，而且涉及了社会风向、价值选择、人生态度等多方面，不仅规定了道德行为的评价尺度和价值标准，而且紧密结合了道德目标与道德导向，不仅表达通俗，而且内容全面。社会主义核心价值体系在理论上统领社会道德、精神和理想等层面，体现了社会主义意识形态的本质，能够从实践与理论上保障道德规范方向的正确性。核心价值体系指导道德观念，核心价值观是匡扶社会道德的内在要求，缺乏社会主义核心价值观的匡扶社会道德无异于水中月。其次匡扶社会道德要注重吸取世界各国优秀文明的成果。道德作为人类的文明，是人类的宝贵精神财富，而道德则是构成人类文明的基石。在人类的历史上，道德总具有强大的认同感和约束力。不管哪个时代和哪个社会的道德，都是对真善美的追求。比如，做人要善良诚实，做事要利他守信，对人要友爱和善，尊重人性，以人为本，等等，因此，在匡扶社会道德中，只有用宽广的视野、广博的胸怀去吸收世界各国道德的优秀成果，道德建设才会更有生机。再次，匡扶社会道德要特别注重借鉴我国传统道德体系。诚然，我国经历了2000多年的传统儒家道德体系，有着5000多年的悠久文明，因此，匡扶社会道德吸收借鉴我国传统道德体系。我国传统道德体系是历代全体中华儿女共同的文明结晶和集体智慧，因此，在匡扶社会道德中应加以高度重视。

6.3.4.2 整合价值观念

价值既是一种存在，其本质就是使人类社会更美好，使人类的发展更全面。追求价值、实现价值，使人类自身更美好，一直是人类孜孜以求的目的。人们所从事的一切社会活动都是在特定价值诉求的诱导下进行的，特定价值诉求推动着人们去实现自己的远大理想和价值目标，特定价值诉求也与人们的实践活动紧密相连，并且它都是一定价值追求的表现。不懈的价值追求是实现社会稳定、营造良好文化发展氛围的强大动力。人类总是追求价值最大化，并且人类的价值追求总是美好的。为什么几千年来人类都把社会稳定、文化发展作为自己美好的社会理想呢？就是因为社会稳定能实现社会的更好发展，使社会各方面的力量和睦相处，从而实现社会整体价值最大化。价值从根本上说是帮助人们更好适应社会的发展，使人们全面而自由地发展，使人们特别是使人类社会更美好。所以，人们总是追求价值，向往价值，歌颂价值，珍惜价值，也总是努力实现价值和创造价值，而且还力求实现价值最大化。社会稳定是人类理想的社会形态，稳定的社会应该是一个能处理好各种复杂关系的社会，是一个无本质冲突的社会，是一个相互包容、良性融合、充满活力、健康有序的社会。建设美好社会，实现社会稳定，一直以来是人类孜孜以求的一个社会理想。这一理想社会，将为人们提供一个人人想干事、人人能干成事的宽松稳定的社会环境，为人的价值实现、价值创造提供良好的氛围。在这个理想社会，每个人的创造愿望与创造成果、创造价值、创造才能都得到社会的承认与尊重，这也是一个能够充分激励价值追求、体现价值创造、确立更高价值目标的社会，也是人类理想的价值追求。

价值观念具有强烈的倾向性，价值观念从最深层次看是一种价值信念，并带有感情色彩和鲜明的意向，它决定人们的价值追求、价值取向。人们的行动受价值观念的指导，在不同行为背后就是价值观念的不同。从某种意义上说，价值追求是价值观念的集中表现，价值追求、价值目标又决定着价值标准。人们要判断什么是坏的，什么是好的；什么是应当摒弃的，什么是应当追求的；什么是应该禁止的，什么是应该提倡的，就需要依靠一定的价值观念。价值观念只有经过整合，才有利于社会稳定。价值观念不同则对同一行为或同一事物的价值评价也会不同，人们对社会现象价值评价的差异就是根源于价值观念的差异。价值观念影响着人们的价值追求，它决定着人们对事物的价值取舍，它是判断人们行为美丑、善恶、利弊的标准。当前，我国社会是一个利益多元即多元价值的社会，人们有着不同的价值追求和价值选择，因此，价值追求是多种多样的，同一主体在不同时期也有着不同的价值追求，不同主体更是有着不同的价值追求和价值选择，这些价值追求、价值选择或多或少影响着社会的稳定。特别是出现价值认同危机时，为了实现社会的稳定，社会稳定的文化方略就需要整合价值观念。当价值观念处于多元的环境时，整合其他价值观念，形成社会的主导价值观念，推动社会发展，凝聚社会力量，实现社会稳定。马克思说："人们为之奋斗的一切，都同他们的利益有关。"① 因此，价值观念整合实质上就是不断寻求价值共识的过程，就是一个缓解利益矛盾、协调不同的利益关系过程。历史上，在我国出现价值认同危机的主要方式就是通过行政方式将统治集团认可的价值观强加给民众，比如秦始皇"焚书坑儒"、汉武帝"罢黜百家，独尊儒术"等，这种传统的简单粗暴方式在如今开放的社会肯定行不通。伴随着全球化，一个社会若想稳定，就需要确定一种被全体社会成员所认可的价值共识，来引领社会的发展方向。整合价值观念的目的则是在社会民众形成价值共识的基础上，整合各种各样的价值，形成社会的主流价值观念，以推动社会持续、健康、稳定的发展。

6.3.4.3 充分发挥政府在匡扶社会道德和铸就信仰文化的主导作用

匡扶社会道德和铸就信仰文化，要充分发挥政府的作用，政府要以正确的道德和信仰导向引导人们什么该做，什么不该做，做什么是对的，做什么是错的，充分发挥政府的作用，是匡扶社会道德和铸就信仰文化的基础。道德和信仰导向就是各级政府要在多种道德和信仰价值选择中做出符合社会发展、合乎时代需要的价值引导。就目前而言，在匡

① 马克思恩格斯选集（第1卷）[M]. 北京：人民出版社，1995：187.

扶社会道德和铸就信仰文化中，政府应着重做好以下几方面工作：其一，建立一套科学合理的道德和信仰规范体系。政府是维护和实现公众利益的代表，是社会公共管理者，应该承担什么样的道德责任，应该享受什么样的道德权利，应尽什么样的道德义务，可以通过政府制定的道德规范体系来加以规范和约束。其二，要对公众的道德行为进行引导和监督，一方面，政府作为社会利益与公众利益的组织者、协调者，可以采取行政、法律、经济等多种手段，对社会公众的道德行为加以引导；另一方面，要充分动员、依靠各种社会力量对社会大众的道德行为进行监督，尤其要发挥各种舆论媒介和各类行业协会等社会组织的作用。其三，各级政府要督促相关组织建立道德评价机构。应由政府相关部门牵头，建立道德评价机构，形成科学的评价依据、评价原则和方法之后，对各个地区、各类组织机构的道德情况进行评比，将道德评价情况列入各个地区、各类组织机构考核的重要依据。

6.3.4.4　营造匡扶社会道德和铸就信仰文化的社会环境

人与人、人与社会、人与自然存在着各种各样的关系，处理好这些关系就需要发挥道德信仰的作用，道德作为一种精神力量，能帮助人们树立社会规范意识，在社会生活中，人们一般会遵守法律、认可法律，因此，道德信仰本质上是实现社会稳定的一种约束、一种规范。人如果缺乏道德信仰，精神就会空虚、匮乏；同样的，一个社会如果缺乏道德信仰，就会沉沦，变成一盘散沙，四分五裂。所以，人离不开道德信仰的支撑，社会离不开道德信仰的支撑。道德信仰作为一种上层建筑，道德信仰的产生、发展和完善不仅受社会物质环境、政策环境的制约，而且受艺术、文学、宗教等意识形态的影响。所以，匡扶社会道德、铸就信仰文化，不能脱离各种社会环境。

匡扶社会道德、铸就信仰文化与社会环境密切相关，所谓环境，是指与特定事物相联系的并对它的存在及发展产生影响、发生作用的情况和条件。人的行为与环境是相互联系、相互作用的。人塑造了环境，但同时又受到环境的影响，环境对人的行为具有一定的导向和约束作用。的确，营造匡扶社会道德、铸就信仰文化社会环境以适应社会稳定的实现，无疑是重要的。社会环境包括非常复杂的政策、制度等硬件因素和精神、文化等软件因素，这些因素会对人的个性、情感以及价值观等有所影响。人们生活的物质状态、精神状态以及政策环境、文化环境、经济环境、企业环境、家庭环境、生态环境等都属于社会环境，社会环境决定了道德信仰的内容，人们生活的社会环境主要包括家庭环境、学校环境和社会公共环境等，这些环境潜移默化的熏陶、示范着人们道德信仰的确立、发展和完善，影响着人们的社会生活。匡扶社会道德、铸就信仰文化要融入生活，贴近实际，使人们时时处处感受到道德信仰的力量。社会主义核心价值观的内容为：富强、民主、文明、和谐、自由、平等、公正、法治、爱国、敬业、诚信、友善。社会主义核心价值观的内容既有现实性，也具有理论性，既反映了道德对现实的要求，又体现了现实对道德的需要。

匡扶社会道德、铸就信仰文化在社会稳定中调节着人与人之间的关系。人类的发展和进步中，人与人之间的关系无时不在、也无处不在，人是在处理人与人之间的各种关系中实现了人自身的成长和完善，也促进了社会的发展和进步。如果人们在社会生活中不能很好地处理人与人之间的关系，那么社会根本不可能稳定。社会中人与人相互之间的关系，是一种较为复杂的社会现象，是人们在社会生活中建立起来的，本质上是一种利益关系。如果人们在社会生活中相互之间缺乏理解和信任，缺少沟通和宽容，社会充满冷漠、冲突，甚至仇恨和暴力，那么社会必定处于极其不稳定状态。匡扶社会道德、铸就信仰文化是凝聚大众团结友爱的重要力量，这是因为社会道德、信仰文化蕴含着丰富的道德规范、道德信念和道德理想，这些道德规范、道德理想和道德信念使得具有不同性格特点、不同生活环境、不同知识结构、不同职业背景、处于不同社会阶层的民众团结友爱、和睦共处。调节人与人的关系中，社会道德、信仰文化所发挥的作用就是用一定的道德准则和伦理规范来调节人与人之间的相互关系。社会的稳定，必然要求人与人关系的稳定。如果没有社会道德、信仰文化在调节人与人的关系上所发挥的作用，人与人的关系就不会稳定，社会也不会稳定。为实现社会稳定，就要充分发挥社会道德、信仰文化在提升民众的道德素质和个人修养的作用，用优秀道德理想、道德规范来调节人与人之间的相互关系，形成相互尊重、彼此信任、互帮互助、理解友善的人际关系，形成既利于自身完善，又利于社会发展和社会稳定。

匡扶社会道德、铸就信仰文化在社会稳定中调节着人与自然的关系。人类生于自然，长于自然，人类不仅脱胎于自然，更依赖于自然，人与自然的关系密不可分，因此人类应该保护自然，要学会与自然协调统一发展，如果人类过度破坏自然环境，不能调节人与自然的关系，社会必定处于动荡状态。伴随着社会的快速发展，人们对自然资源的过度开发，导致自然环境所受的冲击和破坏程度日益严重，已经影响到人类的生存，加深了人与自然间的矛盾。面对人类与自然矛盾的加深，人类必须重新审视自身的行为，必须重视环境的保护，必须学会尊重自然，必须用社会道德、信仰文化规范人类的行为，促进人与自然和谐相处，与自然共生共荣，与自然共同发展，否则人类就永无宁日，陷入生存危机，社会就不会稳定。历史与现实都一再表明：当生态平衡遭到破坏，人类和自然的平衡关系被打破，社会民众经历的灾难也将会接踵而至。因此，实现社会稳定，必须要善待自然、尊重自然，必须要调节好人与自然的关系，因为自然界是人类赖以生存的基础，自然界的严重破坏威胁着人类社会的发展。所以，依靠社会道德、信仰文化包含着的道德准则和道德规范来约束人与自然交往时的行为，调节人与自然的关系，从而实现人与自然之间的可持续发展，实现社会的稳定。

匡扶社会道德、铸就信仰文化在社会稳定中调节着人与社会的关系。人不仅要处理好与自然界的关系，更要处理好与社会的关系。一方面，人是社会化的人，人离不开社会，人在社会中学习，在社会中生活，在社会中成长。社会怎么塑造人，人就会怎么成长。另一方面，社会是由人组成的社会，是人的社会，社会本身就是人们相互交往的社会，社会在人们的相互交往中实现发展。一个没有人的社会，就不是真正的社会。人的全面发展主要是在社会环境中实现的，只有遵守社会行为的共同准则，只有调节处理好人与社会的关系，人们才能全面发展、社会才能和谐稳定。马克思在《关于费尔巴哈的提纲》中指出：“人的本质并不是单个人所固有的抽象物。在其现实性上，它是一切社会关系的总和。”① 人是社会的人，社会是人的社会，人的本质属性在于人的社会性，社会是一个有机体，当社会这个整体出现不协调时，当人与社会的关系出现不协调时，就会产生社会问题。人和社会是相互依存、相互制约、相互促进的辩证关系，只有辩证地看待和处理个人与社会的关系，才能实现社会的稳定。实现社会稳定就必须正确处理好人和社会的关系，只有这样才能化解人和社会的冲突和矛盾，才能让一切有利于社会发展的因素得以迸发，也才能维护社会的有序和稳定。人是社会的人，作为社会活动主体的人，要恰当地控制自我、改造自我和认识自我，要善于正确地驾驭和处理人与社会的关系，就得依靠道德的力量，使人们在服务于社会和他人的同时，处理好人与社会的关系，实现社会的稳定。运用道德的力量，就得依靠伦理文化，因为社会道德、信仰文化中包含着大公无私、甘于奉献、明辨是非、勇于探索、团结协作等道德理想和道德信念，这是一种强大的精神力量，它调节着人与社会的关系，促进着社会的稳定。

努力营造匡扶社会道德、铸就信仰文化的社会环境，就应加强正面宣传，做好道德信仰重建舆论工作。各级政府要采取多种手段、运用多种传媒，不断充实富有时代特色的道德信仰重建的内容和形式。营造全社会匡扶社会道德、铸就信仰文化的社会氛围，不仅是匡扶社会道德、铸就信仰文化的重要组成部分，而且是匡扶社会道德、铸就信仰文化的重要基础。要营造匡扶社会道德、铸就信仰文化的社会环境，首先，网

① 马克思恩格斯选集（第1卷）[M]. 北京：人民出版社，1995：60.

络、电视等传媒平台要开设各种道德专题或道德专栏，大力宣传见义勇为、敬老爱幼等方面的典型，积极宣传诚实守信、互相尊重、团结友爱、扶危济困等优良传统。其次，要加强对社会普遍关注道德基础的引导，剖析背离道德信仰重建的丑恶现象和错误言行，让人们从中受教育。再次，电视、报纸、网络、广播等媒体要把握正确的舆论导向，加强正面宣传，加强宣传政治建设、经济建设、文化建设、社会建设、生态文明建设中涌现出来的道德信仰方面的优秀典型。

6.3.4.5　加强道德和信仰教育

道德作为一种约束规范，作为一种精神力量，可以提升人们的思想境界，也可以规范约束人们的思想和行为，引导人们什么该做，什么不该做，帮助人们客观理性对待利益，促使人们树立正确的世界观、人生观、价值观和道德观。道德是伴随着人类的出现而开始产生并发展起来的，道德经过一代又一代人的传承和完善，呈现出丰富的内涵，它对社会发展、文明的发扬具有十分重要的作用。道德教育依据一定的道德标准要求，对公众有计划、有组织地施加影响的活动，其目的在于提升大众的道德觉悟。实现社会稳定，在很大程度上取决于社会成员的道德素质，道德素质的高低直接影响公众能否正确处理好人与人、人与社会、人与自然之间的关系，处理好人与人、人与社会、人与自然的关系。道德教育的目的在于提升公众的伦理素质，从社会的角度来看，伦理教育的最低要求就是促使公众做一个对社会有益的人，促进社会公众遵守社会公德，不要危害社会秩序，不要破坏社会稳定。从受教育公众来说，伦理教育在于提升公众的道德境界和自身素质，促进身心健康，获得全面而自由的发展。受教育公众是道德教育的主体，道德对人们全面而自由的发展是最根本的，这也是人与动物的本质区别。人不仅是一种自然存在，而且更重要的是一种社会存在。公众所处的社会关系和自然环境必然会制约和影响公众全面而自由的发展。所以，道德教育的目标是社会发展与公众自身发展相统一。道德教育的过程是公众学会调节自我与他人、自我与社会、自我与自然生态环境关系的过程。只有加强道德教育，用优秀的道德思想提升公众的思想觉悟和道德水平，才利于大众的行为符合社会发展的要求，也才利于道德教育。通过教育宣传和提高社会伦理水平，做好社会舆论监督工作，要把握好伦理教育的特征，加强道德教育的针对性和实效性，才能真正使道德教育真正成为实现社会稳定的重要力量。

匡扶社会道德、铸就信仰文化离不开道德、信仰教育，社会民众接受道德和信仰、认可道德和信仰，并将道德和信仰体现在日常的生活实践中，在某种程度上，取决于道德教育的程度如何。人们确立道德和信仰的过程，也就是道德和信仰教育的过程。每个社会，都会对社会民众进行道德和信仰教育，使社会民众接受、践行社会普遍通行的道德价值观念。“道德灌输既是道德知识的传达，又是道德信仰的引导，是认知导向与价值构建的有机统一。”①

道德和信仰教育不仅能提升人们的精神境界，而且利于匡扶社会道德、铸就信仰文化。道德、信仰教育的内容可以相对稳定，但也要随着社会的发展而不断丰富其教育内容。道德、信仰教育活动，在继承和发扬传统教育形式与方法的基础上，要不断探索新形式，总结新经验，开辟新途径，运用新载体。一方面应坚持一些基本的教育，另一方面要紧密联系时代特点，针对道德和信仰出现的新情况、新特点、新问题，在教育内容上进行完善和创新。开展道德和信仰教育活动，首先要注重典型教育。要运用正反典型进行道德和信仰方面的教育，坚持以正面教育为主。正面典型的教育，主要是通过表彰、宣传先进典型，弘扬正气，学习先进事迹；反面典型的教育，主要是通过重大案例通报剖析，使受教育者触及灵魂，鞭挞腐恶，引以为戒。其次要拓展教育载体和丰富教育形式。由于社会的发展和教育载体的不断增加，人们的认识方式日益丰富，也要不断拓展道德和信仰教育的载体和形式。道德和信仰教育不

① 曾盛聪．伦理变迁与道德教育［M］．广州：广州人民出版社，2006：234.

仅要贴近群众、贴近实际、贴近生活，更要通过文艺表演、文学作品、影视传媒等多种形式，使人们在教育活动中提升思想境界。再次，教育中要注重道德意志的培养。道德和信仰教育要完善人们的道德节操，丰富人们的道德情感，规范人们的道德行为，确立人们的道德和信念，培养人们的道德人格，坚定人们的道德意志。在现实的道德生活中，人们会面临复杂的道德情形，甚至会在多种价值冲突中要进行道德的艰难选择，此时，道德意志薄弱的人，则不能自我约束，会失去自我，做出不利于社会稳定的选择。而道德意志坚强、信仰坚定的人，就能坚持正义、克服困难，坚守地履行自己的道德义务，做出利于社会稳定的选择。

6.3.4.6　发挥道德模范榜样示范作用

榜样的力量是无穷的，进步需要榜样，成功需要榜样，重建社会道德、加强信仰建设同样需要榜样。我们的先人早就提出“见贤思齐焉，见不贤而内自省也”①，和“以人为镜，可以明得失”② 这样的至理名言。榜样好比人生的坐标，它是事业成功的向导。它带给人们的是无尽的锐气，是必胜的信念，是永无止境的力量源泉。榜样可以坚定人们的信念。如果有了榜样，人就会有努力的方向和赶超的目标，以榜样激励发挥自身的积极性、创造性。榜样的力量是无价的，它能够产生巨大的影响力，尤其在人的精神层面上，其影响无法估量。每一个榜样都是一杆旗帜和一盏明灯，不仅代表了时代最崇高的追求和最嘹亮的音符，而且还可以使人感受到积极、向上、正义和健康的力量。有了榜样，人们就会给自己以积极的暗示，自觉地去奋斗、去拼搏，去实现目标。只有用良好的道德模范不断增强人们的精神力量，不断丰富人们的精神世界，才能规范民众的行为，教化民众的思想，凝聚民众共识，增强民众

---

①　王延梯．中国名言大辞典［M］．济南：山东大学出版社，2002：293.
②　王延梯．中国名言大辞典［M］．济南：山东大学出版社，2002：100.

认同，也才能够教育引导人们树立正确的世界观、人生观、价值观。

一种道德文化思想要对人们的生活产生影响和作用，要广泛的影响、约束社会民众，就需要有道德模范的支撑。发挥道德模范的榜样示范作用，引导更多的社会成员接受并追求道德理想，重建社会道德、加强信仰建设要特别重视道德模范的示范作用。模范是一个国家、一个社会、一个民族的希望。可以说，不重视模范，就是放弃了国家、社会和民族的信仰。更可以说，一个没有模范的社会，是没有向心力、凝聚力、生命力的社会；有了“榜样”“楷模”而不尊重、崇拜的社会，是没有希望的社会。道德模范总是影响着人、教育着人、熏陶着人。生活在一定时代、一定环境的道德榜样，可能会有这样那样的局限性，不可能是圣人、完美的人，但道德榜样所产生的精神一旦形成，就能跨越历史的时空，成为社会的精神文化遗产和道德信仰的瑰宝。因此，要发掘社会道德的模范，鼓励民众学习典型、争做典型，模仿典型，通过学习模范的平凡小事，体会到的不平凡道德信仰，让民众切实感受先进典型的道德，并在潜移默化中受到教育、得到熏陶、见贤思齐，努力把外部的道德规范转化为自身内在的道德品质。

6.3.4.7　建立健全社会道德监督机制

舆论作为一种无形的社会力量，作为一种社会意识，渗透在人们生活的各个方面，舆论不仅影响着人们的思想和行为，而且是维护人们利益的重要途径，是重建社会道德、加强信仰建设的重要手段。社会道德监督机制的力量不可低估，建立健全社会道德监督机制，正确的善恶评价标准，能促使道德规范的有效遵守，也能赋予人们道德上的信心，能让人们认可道德、接受道德、遵守道德，用道德的标准要求自己、约束自己、激励自己，社会秩序的维护很大程度上是依靠道德监督机制的力量来维护的。

社会道德监督机制对人们的作用，实际上间接地控制着人们的行为，社会稳定除了需要法律、军事等手段外，还需要道德规范来调节，并且有时用道德规范能起到事半功倍的效果。目前，我国从传统社会转为现代社会，人们的社会活动越来越丰富多彩，人们道德行为的选择与社会的矛盾亦趋复杂化，社会稳定需要发挥道德舆论的作用。道德监督机制在社会中发挥着重要的作用，尤其道德现象最怕监督机制。通过各种媒体和多种手段在传播道德的过程中，让广大人民群众在获取各种信息的同时，自觉或不自觉地接受良好道德的熏陶，养成民众的监督意识和习惯。道德监督机制作用，不在于其本身怎样去监督，而是在于它能激发人们的监督意识，通过其强大的感召力督促人们去监督。其监督作用具体表现在：一是通过广播、电视、报刊、网络等监督平台及时向大众反映道德情况，让大众既能了解道德情况，又能监督道德现象，促进人们正确处世，正确为人，正确生活，抑制人们的不良行为，不损害他人和社会利益。二是随着道德文化的传播、民众道德知识的丰富，人们主动参与监督的意识会增强，对一切不正之风大声疾呼，竭力谴责，让人们的道德规范、价值取向、信仰以及行为方式融为一体，在社会上必然会形成良好的道德氛围。三是通过人人参与道德活动，人人参与道德监督，促进道德监督在社会上产生震撼，形成无德即耻的社会心理，借助道德舆论让人们拥有最基本的道德观，不断提高人们的道德水准，树立人们正确合理可取的美丑观、善恶观和信义观，从而营造良好的道德风气，化过激为冷静，化对立为理解，才能有效化解社会矛盾，实现社会稳定。

6.3.4.8　借鉴吸收优秀传统道德

当今我国文化和社会、经济、政治、生态文明发展都离不开深厚的文化土壤，我国的传统道德之所以生生不息，主要是因为人们不断对我国传统道德进行继承和发扬。以民为本、以仁爱人、以德服人、舍生取义、以义统利、以信取人等传统道德对如今道德建设仍然发挥着重要作用。基于社会稳定的文化方略，可以从我国传统伦理的仁、义、礼、智、信等道德规范中吸取仁爱之心、乐于奉献、见义勇为、重视尚德、诚信不欺等合理的思想内容。并且我国传统道德中所包含的见利思义，舍生取义等思想，告诉人们树立正确的世界观、价值观、人生观。基于社会稳定的文化方略中，传统道德中的诚实守信、仁爱之心、助人为乐、舍生取义、见义勇为等之所以重要，是因为在与众多现实生活中的利与义、信与义等面前，还存在着取利舍义等行为，改变当前现实社会中出现的唯利是图等不良倾向，倡导人们树立正确的义利观，就得借鉴吸收优秀的传统道德。

6.3.4.9 将道德理想内化为民众的实践精神

道德理想是大众成为抵制假恶丑、坚持真善美，完善自我、服务社会，营造良好社会风尚的强大力量。道德理想不仅是一个思想认识的过程，还是一个自觉实践的过程。同样的，社会稳定的文化方略不仅是一个认识过程，更是一个实践过程。伦理学理论告诉我们："道德作为实践精神不仅是价值，而且是实现价值的行动，是有目的的活动。"① 实践价值的行动就是实践精神。我国现正处于社会的转型期，经济全球化不断加强，不同文明交流更加频繁，各种观念相互碰撞，各种思想文化相互交融、相互激荡，人们思想活动的差异性、选择性、独立性、多变性不断增强，社会大众的价值观也呈现出多样化趋势，各种社会思潮空前活跃、不断涌现。伴随着道德领域的建设，以道德规范为研究对象的伦理学得到了较快的发展和完善，也为文化发展提供了有利的条件和机遇。但是，要在全社会形成良好的道德境界，要更好地加强文化发展，关键在于将道德理想内化为民众的实践精神。将道德理想内化为大众的实践精神，才能切实激发乐于奉献、博爱大度、大公无私、和谐相处、勇于探索、明辨事理、团结协作、互帮互助、重义弃利等这些良好品质，进一步促进文化发展，发挥其应有的价值。将道德理想内化为大众

① 罗国杰．伦理学［M］．北京：人民出版社，2007：54.

的实践精神，必须要求人们从眼前做起、从自己做起、从小事做起，必须坚持言行一致、知行统一的原则，在平时的学习、工作、生活中，切实体现道德底蕴。

6.3.5 注重意识形态 调适社会心理

6.3.5.1 加强社会主义意识形态建设

稳定压倒一切，没有稳定就没有发展，也就没有一切。虽然意识形态是由政治、经济等决定的，但意识形态一旦产生，就会对政治、经济等具有反作用，在一定条件下甚至决定着政治、经济的发展。意识形态的失控，往往会造成社会思想的动荡，也会造成社会的动荡。社会的意识形态各种各样，有的意识形态较为先进，有的意识形态较为落后，先进的意识形态能凝聚人心，增进了解，促进社会发展，利于社会的稳定，而落后的意识形态使人产生冷漠、冲突，甚至仇恨和暴力，阻碍社会发展，破坏社会的稳定。意识形态包含着一系列的规范、信念，有着系统的观念体系、理论体系，影响、支撑着人们的意识，控制、支配着人们的行为，影响社会的发展和稳定。

社会主义意识形态作为我国的主流意识形态，它能为我国人民指明共同的奋斗目标，规划人们前进的方向，使我国各族人民拥有共同的信仰和追求，唤起人们对社会稳定的广泛认同，起着凝聚人心、增强团结、教化人们、启迪心智、服务稳定的功能，使我国人民的意识符合社会发展、符合社会的稳定。社会主义意识形态建设要坚持马克思主义的一元指导，要始终坚持马克思主义作为其指导思想，只有坚持马克思主义在意识形态领域的指导地位，才是能立足国情、结合实际，才能促进社会发展，实现社会稳定。以社会主义意识形态主导社会的意识形态，增强人们的价值共识，形成广泛的价值认同，营造积极向上的意识形态氛围，实现社会的稳定。

社会主义意识形态要作为我国的主流意识形态，要为人们所接受、所理解、所信服、所实践，一是必须加强社会主义意识形态的宣传教育。只有加强社会主义意识形态宣传教育，才能提升人们的思想觉悟和道德水平，才利于人们的行为符合社会发展的要求，也才利于社会的稳定。通过教育宣传，把握好宣传教育的特征，加强意识形态宣传教育的针对性和实效性，使社会主义意识形态建设真正成为实现社会稳定的重要力量。采取多种形式、利用现代科技、运用多种渠道加强社会主义意识形态的宣传，让社会主义意识形态作为我国主流意识形态能广泛充分地渗透到人们的心中，影响、支配人们的行为，从而利于社会的稳定。二是要将社会主义意识形态内化为人们的实践精神。社会主义意识形态是人们抵制假恶丑、坚持真善美，完善自我、服务社会，营造良好社会风尚的强大力量。社会主义意识形态不仅是一个思想认识的过程，还是一个自觉实践的过程。加强社会主义意识形态建设，要在全社会形成良好的意识形态，关键在于将社会主义意识形态内化为民众的实践精神。将社会主义意识形态内化为大众的实践精神，才能切实激发乐于奉献、博爱大度、大公无私、和谐相处、勇于探索、明辨事理、团结协作、互帮互助、重义弃利等，发挥社会主义意识形态应有的价值。将社会主义意识形态内化为大众的实践精神，必须要求人们从眼前做起、从自己做起、从小事做起，必须坚持言行一致、知行统一的原则，在平时的学习、工作、生活中，切实体现社会主义意识形态。

6.3.5.2 注重社会心理调适

思安则国安，心治则国治。调适社会心理，对化解社会矛盾、防止社会动荡、实现社会稳定具有重要作用。正如本书第四部分所提到的：当前我国社会处于转型期，由于我国社会转型是深刻的、全面的、整体性的社会变革过程，它深刻影响着我国政治、经济、文化等诸多领域，也深刻影响着我国民众的社会心理，甚至深刻影响着我国社会意识形态等诸多方面。我国社会转型期，不仅意味着人们的生活方式、价值观念、心理结构等方面的变化，也意味着社会系统内在结构的变迁、经济体制的转型。而经济体制的转型必然导致社会成员利益格局失衡，而失衡的利益格局会导致社会民众的心理冲突，导致民众的心理失衡，特别是利益格局的失衡会导致社会民众的心理冲突和不公平心理，致使心理失衡。

改革开放过程中，人们心理失衡现象不足为怪，关键是要正确引导、合理调适，否则，会影响社会的稳定。社会心理的调适，一是要增强竞争意识，克服心理问题。现代社会是竞争的社会，竞争无时不在，无处不在。竞争出效率，出能力，出创新，出成果，出稳定。市场经济是竞争的经济，有竞争就会风险，没有竞争意识、风险意识就不能适应社会的发展。心理问题主要包括焦虑心理、自卑心理、依赖心理等。只有增强竞争，才能克服一些不良心理问题，才能完善自己，提升自己，才能适应社会，改善社会，促进社会发展。心理问题的消除只有在竞争中才能实现，因为竞争使人们努力开拓，积极进取，使人们认识自己、认识社会、认识困难，克服各种消极心理，实现自我。二是要加强思想教育，增强心理素质。思想教育要创造良好的社会环境，创造宽松的心理环境，让人们理解、认识社会的变化，承受社会变化所带来的压力，增强人们的心理素质。思想教育既要细心耐心，又要有针对性和实效性，努力把人们的思想引导到社会主义意识形态、社会稳定的正确轨道上来。三是要建立并完善情绪宣泄机制。当前，各种心理失衡产生了各种不良情绪，如果这些不良情绪不能被合理引导、有效宣泄，有可能引发社会冲突，引发社会动荡，危害社会的稳定。要建立和完善情绪宣泄机制，为人们创造各种宣泄条件，进一步加强和完善各种市民热线、来信来访、舆论监督等，让人们可以采取多种方式发泄各种不满。

6.3.5.3　强调社会正义公平的观念

正义与公平的概念理解上有着细微差异，但两者在实际应用上并没有什么实质的差别。正义是指正确的、公正的或正当的道理，与正直、公道、正当、公平等相关。而公平则是指处理事情合情合理，不偏袒任何方面。正义公平是人类社会一种最基本的价值目标和价值追求，是社会稳定得以实现的前提。正义公平在实现社会稳定的进程中具有非常重要的地位，是支撑社会稳定的重要支柱；没有社会的正义与公平，实现社会稳定就必然成为一句空话。国家要长治久安，社会必须保持稳定。自从人类社会存在着正义与不正义、公平与不公平的社会现象以来，正义公平一直作为人类社会的崇高理想和最终价值。

正义、公平作为规则、作为制度，也包含在意识形态之中，意识形态能影响政治、经济、生态等，所以，强调正义与公平，也就是在政治领域、经济领域、生态领域等强调正义与公平，只有在各个领域都做到正义公平，才能确保社会的正义公平，才能化解各种社会矛盾，消除各种社会纠纷，疏通各种社会怨恨，避免各种社会动荡，确保社会的稳定。人们需要正义公平，是因为人们有正当合理的诉求。社会需要正义公平，是因为正义公平是人类社会奋斗的崇高目标。“商君治秦，法令军行，公平无私。”（《战国策·秦一》）可见，我国在两千多年前就已重视正义公平在社会管理中的作用。正义公平是社会稳定的基础，也是社会稳定的保障，只有消除各种不正义、不公平的因素，社会生活各领域做到正义公平，创造正义公平的社会环境，才能保障社会的稳定。

6.3.6 促进文化繁荣　发展文化产业

6.3.6.1 繁荣文学艺术

文学艺术，是先进文化的重要内容，是人类精神创造活动的重要表现，是人类社会实践活动的生动反映。文学艺术的繁荣，是文化繁荣的重要标志，也是文化发展的重要体现。江泽民曾强调：“文艺是民族精神的火炬，是人民奋进的号角。在培育和弘扬民族精神方面，文艺可以发挥独特的重要作用。"① 他还指出，当代我国的文艺工作者，要遵循先进文化的前进方向，努力创作出弘扬中华民族精神和我们时代进步精神的作品，努力推进我国文艺的创新和繁荣，从而鞭策人、鼓舞人和教育人。

回顾以往人类文学艺术的发展史，一切优秀的、具有价值的文学艺术作品，都反映着当前时代的特色和呼唤，优秀的文艺作品，或者对先进事物加以歌颂，对腐朽事物进行鞭挞，或者为社会变革而呐喊，为时代进步而欢呼，或者给人们以理性的启示，给人们以美好的愉悦，都深刻影响着本民族人民的物质世界和精神世界，都是现实社会与隽永艺术魅力相结合的结晶，成为人民奋斗的号角、民族精神的火炬。因此，文艺影响社会稳定、影响文化发展，通过相应的影响作用服务于社会发展，这既是文艺的题中之意，也是社会稳定的文化方略对文艺的要求。

促进文艺发展与繁荣，实现文化的发展，就需要文学艺术工作者必须坚持深入生活、深入实践、深入群众，充分认识文化发展的时代意义，努力把握时代的脉搏，充分认识民众的根本需求和根本利益。脱离实践、脱离群众、脱离生活的艺术不可能有生命力，矫揉造作、无病呻吟的艺术作品，也不可能有感召力。只有向实践学习，向群众学习，向生活学习，从广博的社会和群众的伟大实践中获得营养并受到启迪，才能繁荣文学艺术，才能促进文化的发展。繁荣文艺一定要依靠人民、为了人民，也一定要促进文化的发展，服务社会的稳定。

6.3.6.2　发展文化产业

文化产业是指提供文化服务或者从事文化产品的经营生产活动以及为这种经营或者生产提供服务的产业。文化产业所提供的服务或产品必须是精神文化劳务和产品，文化产业是先进的科技和人类的智力相结合

① 江泽民．在中国文联第七次全国代表大会 中国作协第六次全国代表大会上的讲话 [N]．人民日报，2001-2-9 (1)．

的产业。文化产业在影响、支配着人们的意识形态方面发挥着重要的作用。凭借文化要素的教化、熏陶等影响社会、经济的发展，更是可以借助文化产业来促进社会的发展，实现社会的稳定。发展文化产业，有利于提供内容丰富、形式多样的文化产品和服务，有利于更好地满足人们的精神文化需求，有利于缓解人们的生活压力、丰富人们的社会生活，有助于化解人与人、人与社会、人与自然的矛盾，有助于实现人与人、人与社会、人与自然等关系的稳定，可以更好地促进人的发展，更好地促进社会的进步和稳定。

发展文化产业，首先要完善相关文化产业立法。完善相关文化产业立法，是促进文化产业健康发展的要求，是社会稳定文化方略的体现，是发挥文化力量的保障。发展文化产业，加强文化产业的立法，使文化产业发展有章可循、有法可依。要了解当前文化产业状况，结合目前文化产业发展的实际，完善制定相关文化产业法律。其次要创新文化管理体制。创新文化管理体制是一项系统性、前瞻性的工作，关系到政府职能的转变、关系到政策方针的调整、关系到政府、文化单位、文化市场、文化产品等，甚至关系到每个居民、每个单位的文化权益。创新文化管理体制，就是要注重运用行政手段、经济手段、市场手段、法律手段等管理文化产业，要结合实际，加强对文化产业各领域的调控，增强文化产业发展的针对性、预见性和实效性。再次要提升文化科技水平。科技就是生产力，科技就是竞争力。发展文化产业，就要借助科学技术的力量。要结合我国文化产业的现状，引进国外先进文化科技技术、加强自动研发核心文化技术，注重文化与现代科技技术的融合，为文化产业发展提供强有力的技术支撑。

6.3.7 夯实文化人才队伍 培育全民文化素养

第一，注重专业文化人才的培养。人才问题关系到一个民族的兴亡，一个国家的盛衰。当今世界，各个国家或地区，无不重视人才的培养。专业文化人才，是实施文化方略中最宝贵的、最有决定意义的财富。制订文化人才的培养和引进计划，建立文化专家、文化名家库，重点培养高层次文化领军人才、文化创新人才、文化政策人才、文化管理人才、文化文艺人才和复合型文化人才等方面的专业文化人才。积极探索文化人才培训机制，抓好文化在职人员继续教育培训，努力搭建文化人才终身学习平台，促进优秀人才脱颖而出。创新培养文化人才的特殊政策，创造引才、留才、用才的良好环境。

第二，建立健全文化人才管理机制。要建立符合社会发展的文化人才管理机制和开放灵活的选人用人机制。抓好各类文化人才的管理和使用，将文化人才队伍建设纳入人才发展规划，建立文化艺术人才库，加大对有突出贡献的文化人才的各类表彰奖励力度。建立与文化人才能力、专长、贡献、才能直接挂钩的、合理的文化人才激励机制。人们普遍认为：激励是激发人的行为动机并使之朝向组织特定目标的过程。美国管理学家哈洛·孔茨认为："激励是一个用于整个动机、欲望、需求、希望和类似力量的总称。"① 通过科学合理、切实可行的激励方法，使文化人才的才能得到最大限度的发挥，增加文化人才的工作积极性、主动性和创造性，提升文化人才的工作热情，实现文化人才的自我价值。

第三，优化民众的社会活动环境。民众的素质是可变的、动态的、发展的。民众的素质的变化受到诸多因素的影响和制约，其中环境就对民众素质有重要的影响。所谓环境，是指与特定事物相联系并对它的存在及发展产生影响、发生作用的情况和条件。人的行为与环境是相互联系、相互作用的。人塑造了环境，同时又受到环境的影响，环境对人的行为具有一定的导向和约束作用。的确，创设良好环境对提升民众的素质，不仅是重要的，而且是必要的。人总是在一定的社会群体中生活，通过与社会群体人员的交往实现自我价值，而社会群体所构成的环境包括非常复杂的政策、制度等硬件因素和精神、文化等软件因素。民众一

① ［美］哈洛·孔茨. 管理学精要［M］. 北京：清华大学出版社，2009：98.

直受家庭环境、学校环境、工作环境和社会环境等众多环境的影响，众多环境的好坏直接影响民众素质的高低。优化民众的社会活动环境是提高民众素质的必要条件。优化民众的社会活动环境包括优化民众的工作环境、学习环境、生活环境、家庭环境、社会环境等。民众在社会生活中要和周围的人打交道，而处于民众周围的人的素质是千差万别的，耳濡目染，相互之间的影响非常大。学习环境、学校环境、工作环境、工作风气、学习风气等的好坏也会影响到民众素质的提高。“孟母三迁”讲的是我国古代思想家、儒家代表人物孟子的故事。孟子儿时，其母亲为了他有一个良好的成长环境，煞费苦心，曾经三次搬家。这个故事也说明了社会生活环境在人们成长过程中的重要性。

第四，大力发展教育文化事业。民众素质提升的历史表明，民众的素质与民众的教育文化水平是有一定关联的。同样，一个民族、一个社会、一个国家素质的高低，和这个民族、这个社会、这个国家的教育文化水平的高低相关联。民众素质在社会稳定、社会进步和文化发展中起着决定性的作用。民众素质是一个国家、一个社会、一个地区文化发展水平高低的重要表现，文化发展、社会稳定文化方略的实现也依赖于全民素质的提升。事实证明，一个国家、一个社会、一个地区的文化发展越好，其国家、社会、地区的人才质量越高。高素质的民众直接决定了一个国家、一个地区文化发展的强弱，它是一个国家、一个地区文化发展、文化进步的主要力量。要促进文化发展、实现社会稳定的文化方略，必须首先围绕民众的素质提升来做文章，提升全民的文化素质是促进文化发展、实现社会稳定文化方略的应有之义，而要提升全民的文化素质，就应该大力发展各类教育文化事业。

6.3.8　建立健全文化运行机制

6.3.8.1　文化管理机制

文化管理既包括人们对文化的管理，也包括用文化去管理人们的文化创造活动。文化管理包括文化协调、文化决策、文化规划、文化规范等诸多内容。所谓文化管理机制，是指用文化去教化、塑造和规范人或人们对文化进行科学合理的设计、规划、控制、调节等管理手段，以实现社会稳定文化方略运作原理和方式的机制。文化管理机制也就是维护文化有序性和稳定性的控制机制，发挥文化管理在社会稳定文化方略中的作用机制。“在当今时代，文化作为一种核心竞争力，谁忽视文化质量管理，谁轻视高质量文化的塑造、培植，谁就必将在新一轮的文化竞争力与文明冲突中败阵。”① 基于社会稳定的文化方略中，文化管理机制是必需的。随着人的主体性的提高，人们已不再被动地理解、接受文化，而是主动地改造控制文化。只有依靠建设性的、积极的态度对待文化及其发展，才能使文化真正得以发展，才能确保社会稳定文化方略的实施。一方面，文化并不一定会给国家带来富强、给人民带来幸福、给社会带来稳定。“文化拥有极好和极坏的潜在性，为世界带来这么多好处的这种力量，同样能带来大量暴力、苦难、残忍和压迫。这完全取决于怎样使用文化权力。如果以积极的、建设性的和富有想象力的方式使用文化权力，那么它是愉快和满足的源泉，因为它要对生活和世界上最有价值的东西以这种或那种形式负责。然而，如果以消极的、破坏性的和阻碍生产力的方式使用文化权力，那么它是不公正的源泉，因为它要对复仇、剥削和不平等以这种或那种形式负责。”② 另一方面，文化也并非一劳永逸、完美无缺，它需要不断地完善、更新和创造，为其添加新的力量。“事实上，由于历史和文化对人类心灵的作用，有某些不健康的、不适合于现时代文化创造要求的价值观念和心智习俗，需要加以改造和更新。”③ 因此，对文化的管理必不可少。文化弥漫于人生活中的每一个角落，人生活在文化环境之中，人的任何文化经历都影响其未

① 天河水．文化全面质量管理［M］．北京：中国社会科学出版社，2006：6.

② ［加］D. 保罗·谢弗．文化引导未来［M］．北京：社会科学文献出版社，2008：79.

③ 李燕．文化释义［M］．北京：人民出版社，1996：126.

来的文化实践，都积淀到人的灵魂深处，都会影响别人以后的文化实践，都会对别人产生示范和导向作用。所以，文化行为的约束和规范，对良好文化风范的提倡，对消极文化因素的遏制，也就是对人的一种文化管理。

文化管理通过对已有文化创造成果的利用和保护，对文化创造资源的最优挖掘和开发，对反文化现象有效抵制和预防，对背离人本价值取向的及时纠正等一系列活动和措施，对文化危机进行干预和防范，最大限度地调动人的积极性、主动性和和创造性，为人及其文化的发展和进步营造安全的、健康的、良好的文化环境，从而使文化充满活力和生机。文化管理已经成为人类社会自我创造、自我拯救、自我规划的理念和手段。对于文化冲突的解决和调节，反文化和非文化的清除和治理，文化异化的扬弃和克服，具有重要的、积极的意义和作用。文化管理是一种教化人、提升人、依靠人、为了人、发展人的理念和实践。文化管理是一种根本的、全面的、终极的管理，从根本上协调解决人与人、人与社会、人与自然的关系，以人的自由全面发展为最终追求目标。文化应该是为人的全面发展服务的、为社会的全面进步服务的，“为了做到这点，在发展、关心和共享、同情、合作、尊重别人的权利和传统以及承诺公正、平等和多样性中，应把人的因素放在优先位置。不这样做，文化就会受部分人的利益、政治独裁和特殊利益集团的侵害。因为各种文化形态，像文化和所有其他力量一样，会分成两个方向。一方面，它们可以是满足、解放、享受和幸福的源泉；另一方面，它们可以是野蛮、压迫、不公正和奴役的源泉。”① 以人为本的文化管理目标取向，有助于克服文化的劣化、恶化和异化，从而确保文化沿着人性的轨迹演化和发展。其次，文化管理机制意味着确保文化遵循合理性、科学性和计划性发展规划，是使文化发展更加合目的性，通过把人的理想、意

① ［加］D. 保罗·谢弗．文化引导未来［M］．北京：社会科学文献出版社，2008：98.

愿、目的内化到文化创造中，通过自觉遵守文化交流、传播、发展的规律，使其更加合规律性，从而实现合目的性与合规律性的统一。“对文化进行科学管理的实质首先在于确定社会文化发展的主要目的和方式——达到一切人的美好、崇高而有益的、最合理、最人道的理想的方式，在成长的一代应当有意识地以这样的目的和方式为目标。”① 对文化管理是文化哲学的理念在实践中的体现，是文化的人文性与科学性的统一。文化管理作为自觉的社会实践活动，凝聚着人类创造中的实践精神。文化管理通过自觉地、主动地对文化的协调、控制、设计，维护文化发展秩序的稳定性，确保文化保持正确方向发展。从一定程度上说，文化管理也是一种文化创造、文化控制。人只有通过文化管理才能从根本上找到超越文化悖论、化解文化冲突、解决文化矛盾的方法和途径，才能更好地促进社会稳定。

6.3.8.2　文化激励机制

心理学研究表明，需要是人类动力的源泉。这是因为当人有了需要之后，心理就会处于一种紧张的状态，随之产生满足需要的行为动机，就会付诸行动。当需要得到满足，随之而来的是愉悦的心情，心理的紧张状态也会消失。需要是人行动的动力和积极性的源泉，需要产生动机，动机产生行为。激励就是为了满足人们的需要，激励机制的目的在于最大限度地引导人们积极自觉地参与文化发展。人类为了更好地发展和生存，人们不仅从事着物质资料的生产，而且也从事着精神文化的创造，正是因为人类不断的物质资料生产和精神文化的创造，所以人类的文明才能不断实现着新的跨越。物质和文化包含着人类生活的诸多方面，满足着人们衣食住行的物质生活需要，满足着人们尊重、自我价值实现及人类自由而全面发展的精神文化需要。诚然，人的需要可以分为

① ［苏］尼·瓦·贡恰连科．精神文化进步的源泉和动力［M］．北京：求实出版社，1988：325.

物质生活需要和精神文化需要。激励机制的目的就在于为了更好地满足人们的需要，更好地促进人们积极主动自觉的投入到文化发展之中、投入到实现社会稳定的建设之中。文化激励机制，就是要完善文化产品物质激励机制，要充分发挥榜样的激励机制，要注重发挥理想和信念的作用。

一是要完善文化产品物质激励机制。科学研究表明，人是具有极大潜力的，但能否充分发挥出来，则主要取决于激励的程度。通过激励，可使人们对符合工作目标的情感、意志、行为予以支持和强化，对不符合工作目标的意识、欲念和冲动予以约束和归化。通过有效的激励，人们能不断反省自己、鞭策自己，从而大大地调动人们自身的内在潜力。文化产品激励机制是指运用各种有效激励方式去激发文化工作者的动力，充分发挥他们的积极性、主动性和创造性，朝着社会稳定和民众所期望的目标而努力的机制。需要是动力的源泉，物质利益是人的最基本的利益。马克思指出："人们奋斗所争取的一切，都同他们的物质利益有关。"① 完善文化产品物质激励机制，调动文化工作者、民众、各单位、各地区参与文化发展和社会稳定。

二是要充分发挥榜样的精神激励机制。物质激励是基本的激励方式，但不是唯一的激励方式。激励机制要想发挥更好的作用，只有结合精神激励和物质激励，才能调动人们的积极性、主动性和创造性。如果缺少榜样的精神激励，人们潜能的发挥就会失去精神支撑。榜样精神激励的巨大作用就在于通过其对人们的导向和激励，引导他们做出正确的选择并不断强化。榜样的力量是无穷的，我国优秀传统的思想和精神，如助人为乐、勤劳勇敢、团结奋斗、崇尚节俭、为国分忧、公而忘私等主要依靠先进典型的示范才得以体现出来的，先进典型是我国文化的瑰宝，不断发扬光大，得以传承，是指导我国社会不断迈向文明的路标。

三是要注重发挥理想和信念的作用。理想是人们对美好未来的追求

① 马克思恩格斯全集（第1卷）[M]. 北京：人民出版社，2002：82.

和向往，人们的行为受理想的鼓舞和支配。理想就是目标，而一个人的目标越高，他的动力也就越大，热情也就越高，成功也就越大。用建设我国特色社会主义这一共同理想来教育和武装民众，就能树立起广大民众的精神支柱，激发起民众为文化发展和社会稳定而奋斗的信心、决心和动力。邓小平指出："现在中国提出四有，有理想、有道德、有文化、有纪律。其中我们最强调的，是有理想。"① 有了信念和理想，人就会以极大的热情投身到各项事业中，就会产生巨大的精神动力。要充分发挥理想信念在社会稳定、文化发展中的强大激励作用，对民众开展多种形式的信念、理想教育，把广大民众的力量集中到实现社会稳定的文化方略上来。

6.3.8.3　文化保障机制

文化保障机制特别是要在政策保障机制、法律保障机制、物质投入保障机制上下工夫。

其一，政策保障机制是文化产业发展、文化方略实施、文化事业运行的重要机制。政策保障机制也是进一步保障民众文化权益、深化文化体制改革、传承和保护我国传统文化、促进文化产业发展、维护社会稳定的必然要求。如果没有良好的政策保障机制，实现社会稳定的文化方略就会成为空谈。政策保障机制的建立，要坚持以下"三个必须"：必须把握民众文化需要的新期待，必须认识保障民众文化权益的重要性，必须领会社会稳定文化方略的战略意义。落实政策保障机制，就是要提高文化支出占财政支出比例，落实和完善文化经济政策，引导文化非营利机构提供公共文化产品和服务，扩大公共财政覆盖范围，完善投入方式，保障公共文化服务体系建设和运行，扩大有关文化基金和专项资金规模，设立国家文化发展基金。

其二，法律保障机制也是社会稳定文化方略、促进文化发展的重要

① 邓小平．邓小平文选（第 3 卷）［M］．北京：人民出版社，1993：190.

机制。只有通过法律保障机制的建设，才能利于法制环境的优化、法制机制的完善、法制观念的改善，才能避免社会民众的阴暗心理和劣性心态，才能规范民众的意识、净化民众的思想、整顿民众的思想秩序，也才能让正义的情感占据人们的心灵，让自尊自强、互敬互爱、团结友爱、和睦相处、奉献自律等信仰充斥人们的行为。依靠法律保障机制达到鞭笞假丑恶，褒扬真善美，调节人与人、人与自然、人与社会的关系，增强人们的法律行为能力，提高人们的法律素质和法律意识，构建法治国家，实现文化的发展与社会稳定。一切法律之中最重要的法律，既不铭刻在大理石上，也不刻在铜表上，而是铭刻在公民的内心里，它形成国家的真正宪法。它每天都在获得新的力量，当其他法律衰老或消灭的时候，它可复活那些法律，代替那些法律；它可以保持一个民族精神。① 这种巨大的精神力量就是法律保障机制。法律保障机制的价值，在于它协调着各种社会主体的利益关系，促进着人与人、人与社会、人与自然的和谐，保障社会民众的利益，倡导社会的稳定，也在于它对社会生活发挥着引领规范凝聚等作用，给稳定以赞扬、肯定和倡导，鼓励稳定因素的增长。实现社会稳定和文化的发展，必须要保障社会民众的利益，保障社会民众政治、经济、文化等生活的权利，确保社会大众有尊严的工作、生活，确保社会大众平等地履行法律的义务、公平地享有法律的权利，使社会稳定的文化方略真正得以实现。

其三，物质投入保障机制也是社会稳定文化方略的重要机制。马克思主义认为，精神属于意识领域的范畴，虽然精神和物质相对立，但不管怎样，精神都不能离开物质而独立存在。社会稳定的文化方略需要以一定的外在物质为载体，需要通过一定的外在物质形式把内在的文化体现出来。无论是文化的策略，还是文化发展，都要以物质作为条件基础，都渗透在整个物质保障之中，随着物质生产的发展而发展，都需要必要的物质投入。没有一定的物质保障为依托，文化策略、文化发展只

① ［法］卢梭．社会契约论（第二卷）［M］．北京：商务印书馆，1980：20.

能是无米之炊。一定的物质投入机制是形成文化发展物质保障的基础，如果物质不足，投入不足，那么发展教育、繁荣文化、昌盛科学就缺乏必要的载体，整个社会稳定的文化方略就成了空中楼阁。诚然，投入少，产出少，投入多，产出多，有投入，才能有产出，没投入，肯定就不会有产出。经济领域是如此，文化领域也是如此。在实施社会稳定文化方略的过程中，除了要发挥政府的主导作用和民众的主体作用外，还要动员社会力量参与、支持和关心文化发展，更应多方筹资，广开渠道。从发达国家的成功经验来看，文化领域的发展，既是社会各方面投资的领域，又是政府公共开支的重要方面。多渠道增加投入是发展和繁荣文化的必由之路。多渠道增加投入有利于给文化的发展带来生机和活力，有利于调动各方面的积极性、主动性和创造性，为社会稳定的文化方略创造良好条件。

6.3.8.4 文化导向机制

文化导向是社会稳定文化方略的一项重要任务，文化导向机制就是对文化发展方向和价值选择加以引导，使文化发展、文化方略不偏离正确的方向。文化导向机制就是要注重舆论导向。

舆论是社会控制的手段之一，是法律、法规、规章制度的必要补充，深刻影响着社会民众。舆论可以引领社会文化、维护社会的稳定。在如今信息社会，各种传媒相当普遍和发达，各种大众传媒对社会的影响、对民众的影响越来越大。为了促进文化的发展，就必须重视各种大众传媒的价值。在社会稳定的文化方略中，各种大众传媒要坚持正确的舆论导向，克服不正确的舆论导向，形成扬善弃恶、扶正祛邪、鞭策后进、鼓励先进的社会文化舆论氛围。大众传媒在发挥娱乐、文化、教育、社会交往都发挥着重要的导向作用。在各类传播媒体中，电视、网络、报纸因信息量大、覆盖面广和使用频率高，其舆论导向是否正确的问题更应引起重视。江泽民指出：“历史经验反复证明，舆论导向正确与否，对于我们党的成长和壮大，对于人民政权的建立和巩固，对于人民的团结和国家的繁荣富强，具有重要作用。舆论导向正确，是党和人民之福；舆论导向错误，是党和人民之祸。”① 尤其是在我国社会转型和全球化浪潮的情况下，人们对精神文化需求的快速增长前所未有，人们思想活动的日趋活跃前所未有，各种思想文化的相互激荡前所未有，互联网的广泛普及和数字化技术的应用使思想文化传播范围之广、速度之快前所未有，人们思想活动的选择性、独立性、差异性、多变性日益增强，这就需要坚持正确的舆论导向，以正确的指导思想整合引领社会民众的思想，为实现文化发展、社会稳定创造良好的思想基础。

6.3.8.5 文化参与机制

人民群众是推动人类社会向前不断发展的决定性力量，是历史的创造者，这是历史唯物主义的基本观点。民众是实现社会稳定、文化发展的主体，是智慧和创造的源泉，是实现社会稳定的中坚力量，社会稳定的文化方略就要充分发挥人民群众的作用。实现社会稳定、促进文化发展，也必然依靠人民群众的力量。文化发展，说到底就在于不断满足人民群众日益增长的精神文化生活需要，就在于促进人民群众的全面发展。所以，实现文化的发展，实现社会稳定的文化方略，要同解决人民群众普遍关心的实际问题与促进社会进步和经济发展紧密结合，“着眼点一定要放在紧贴群众利益、为群众所欢迎的事情上，这样才能动员广大人民群众积极参与”②。江泽民指出：“建设有中国特色社会主义事业，是亿万人民群众广泛参与的创造性事业。必须始终坚持党的一切相信群众、一切依靠群众，从群众中来、到群众中去的群众路线，尊重人民群众的创造，倾听人民群众的呼声，反映人民群众的意愿，集中人民群众的智慧和力量去发展我们的各项事业。”③ 江泽民坚持历史唯物主

① 江泽民. 江泽民文选（第1卷）[M]. 北京：人民出版社，2006：563.

② 中共中央政策研究室. 江泽民论社会主义精神文明建设 [M]. 北京：中央文献出版社，1999：370.

③ 江泽民. 在纪念党的十一届三中全会召开二十周年大会上的讲话 [N]. 人民日报，1998-12-19（1）.

义的基本观点，也曾明确提出："人民群众是先进生产力和先进文化的创造主体，也是实现自身利益的根本力量。"① 基于社会稳定的文化方略，是人民群众积极参与改造社会的伟大创造。首先要突出群众性。全体人民群众的积极参与，就是在参与中自己教育自己、在参与中接受教育、在参与中提升自身科学文化素质和思想道德素质。其次要突出创造性。基于社会稳定的文化方略，就是要不断取得创造性的成果，就是先进文化不断得到推进的过程，就是群众在改造客观世界的同时积极改造自己的主观世界的过程。

人民群众是生产力中最活跃、最革命的因素，是历史和财富的创造者，是推动社会进步的决定性力量，同样，人民群众是推动文化大发展大繁荣的力量源泉。在社会稳定的文化方略方面，文化参与机制就是充分尊重人民的主体地位，就是要注意调动民众参与文化方略的积极性、主动性和创造性，使民众参与到社会稳定的文化方略中来。民众是文化服务的受益者和享受者，同时，民众更是社会稳定文化方略的参与者和推动者。文化发展离不开广大民众的参与，只有民众广泛参与进来，文化才能得以发展，社会稳定的文化方略才有依托，也才能够实施。

社会稳定的文化方略要始终坚持"一切为了群众、一切依靠群众"的路线，始终坚持"全心全意为人民服务"的根本宗旨。始终将人民群众中间蕴含着的无穷创造力，作为推动文化发展最活跃、最积极的因素。采取切实措施保证最广大的人民群众以各种各样的形式投身文化改革发展，真正成为文化改革发展主体力量。推动文化大发展大繁荣的过程也就是人民群众文化创造的过程。为了促使民众广泛参与到文化的发展中来，参与到社会稳定的文化方略中来，就要为民众的参与创造各种良好条件。

第一，营造良好的政治环境。文化与政治有着密切联系。文化中有政治，政治中也有文化。文化的独立性是相对的，既要承认文化的相对

---

① 江泽民．论"三个代表"［M］．北京：中央文献出版社，2001：163.

独立性，尊重文化相对独立性，又不能随意扩大文化的独立性。政治环境对于文化发展有着决定性的影响。政治环境的状况不仅决定着文化发展的方向、方式和速度，而且还决定着民众参与到文化的意愿和积极性。良好的政治环境与法制化相伴随，法制化的社会中政治权利和文化权力才能得到更有效的保障。因此必须通过法律法规的形式将民众参与文化活动的权利、义务、形式、途径等固定下来，这样民众参与社会稳定文化方略的积极性才能得到更好的保障。

第二，建立科学合理的民众参与文化发展的体制和机制。调动人民群众参与文化建设的积极性、广开人民参与文化创造的渠道，是推进文化改革、增强文化创造活力、提升文化竞争力、促进社会主义文化发展繁荣的重要要求。文化生产力的解放是以人民的广泛参与和积极性的极大提高为前提的，文化生产力的发展程度取决于民众参与的程度和积极性发挥的程度，文化生产力的水平实际上就是人民参与文化创造的水平和能动性发挥的水平。建立切实可行、科学合理的民众参与文化发展的体制和机制，让蕴藏于人民中的文化创造活力得到充分发挥。

第三，大力开展形式多样的群众文化活动。文化的源头在群众，活力在群众。群众文化与基层民众的社会生活和心理情感有着天然的联系，因此群众文化是社会文化中最有原创力、想象力和持续生命力的部分。近年来，随着我国人民物质生活水平的不断提高，人民群众从事文化活动的意愿空前增长，这为社会稳定的文化方略提供了良好条件。这些年，在我国各地，都有大量群众自发组织文化娱乐活动，人们也可以看到许多十分活跃的群众文化组织形式。这些民间自发文化活动的发展极大释放了人民群众的文化创造能量，丰富了人民群众的精神生活，推动了社会文化的发展。开展群众文化活动，需要群众和政府的共同努力。群众的职责在自觉自愿、增强活力，但要有责任意识、进步意识、提高意识。政府的职责在规范和引导，但规范和引导要考虑到民众的文化自主性。

6.3.8.6 文化监督机制

任何社会活动的开展，都需要依靠科学合理的监督。开展社会稳定的文化方略也不例外，依靠监督机制，以此保障文化发展、保障文化方略的实施是十分必要的。文化监督机制就是通过舆论监督、民众监督等形式，依靠监督使文化得以健康发展，文化方略得以实施。监督来自各个方面，监督的形式可以多种多样，既有舆论监督，又有民众监督等。

舆论监督是现代信息社会最基础的监督形式，如今社会是信息化的社会，互联网、音像制品、影视、广播、报刊等大众传媒十分发达，这些传媒使用频率高、信息量大、覆盖面广，触及社会生活的方方面面，社会影响越来越大。为了建立科学合理有效的文化监督机制，就应充分发挥各种现代大众传媒的舆论监督作用。在舆论监督过程中，一方面，要积极宣传党和政府在社会的政策、方针和路线，讴歌文化发展中出现的各种先进典型；另一方面，要发挥好其舆论监督的作用，对不文明现象与行为进行及时披露，形成鞭策后进、扶正祛邪、鼓励先进、抑恶扬善的社会舆论环境。

民众监督也是监督机制的一种重要监督形式。文化发展是广大民众的事业，此事业与广大民众社会生活等各方面利益相关，民众是文化发展的主体，也是监督的主体，所以广大民众的广泛参与，民众的踊跃、积极而广泛地参与，是文化发展、社会稳定文化方略实现的基础。由于社会稳定的文化方略与民众的利益密切相关，因此民众积极主动地对文化发展、文化方略全方面、全过程、全方位进行监督，民众的监督具有全面性和广泛性。民众监督越广泛，监督的效果就会越好，民众参与监督的自觉性越强，监督的效果也就会越好。充分调动广大民众参与监督的积极性、主动性对文化发展、文化方略实施有着非常重要的意义，必须充分发挥好民众的监督作用。

6.3.8.7 文化约束机制

文化约束机制包括法律约束机制、道德约束机制、行政约束机制。

法律约束机制是一种具有强制性质的约束机制，促进文化的发展，实施社会稳定的文化方略需要依靠法律的力量，需要严格的法律规范，依靠法律约束机制，通过强制性手段来促进文化的发展，来保障社会的稳定。文化的发展是一个比较复杂的过程，社会民众高尚的道德观念、良好的道德行为，往往是一个由不自觉到自觉慢慢培养的过程。在这一过程中，法律强制性的约束是社会民众由不自觉到自觉性转化的必备条件。

道德约束机制是借助于道德的力量，是一种具有内在自律性的约束机制，道德约束机制以社会道德风尚的纯化所产生的感召作用，借助于人们提高自身素质的内在要求来实现道德教化功能。依靠民众的自我约束、自我管理和自我教育提升民众的道德素质，帮忙民众形成正确的人生观、价值观和世界观。道德约束不仅必要，而且重要。道德约束的主要途径是通过道德规范来引导和影响人们的行为和思想，让民众清楚哪些该做，哪些不该做，哪些是遭到反对的，哪些行为和思想是提倡的。道德约束和法律约束相互具有互补性。所以，文化约束机制，要注意把法律的刚性约束同道德的柔性约束有机地结合起来，使法制能更好地发挥作用。

行政约束机制是通过各级政府颁布的各项行政规章和行政命令来约束人们思想和行为的机制。离开行政约束，腐朽思想文化就会滋生蔓延，文化发展、文化方略就会偏离正确的方向；离开行政约束，文化发展、文化方略就可能半途而废，就无法保障文化的发展，无法保障社会稳定的实现。

结 束 语

社会稳定一直是人类努力追求的目标，而文化是社会得到稳定和发展的关键。自近代以来，无论在东方还是西方，无论在国内还是国外，文化都受到了人们的关注和重视。在一般人看来，文化较为空洞，而在学者看来，文化却无所不包、无所不能。心治则国治、思安则国安。文化无时不在，文化也无处不在，文化对社会的影响也无时不在、无处不在，文化通过社会心理、社会意识等多个层面，以多种多样的形式影响社会的各个领域，影响着人民群众的整个社会生活。文化可以使人民群众把握社会历史发展的趋势，认识社会历史发展的客观规律，并在此基础上进行理性正确的价值选择，形成科学合理的价值目标，有力维护社会的正常运行，实现社会稳定。

重视文化，就是重视发展，就是重视未来，就是重视稳定。古今中外，任何一个国家、一个民族的历史，必然是一部文化的历史。要实现社会稳定，需要采取很多方法，如政治的策略、经济的方式、军事的手段、文化的方略、道德的力量，等等，而文化的方略可以说是最为深远、最为持久、最为可取的方法。

随着我国改革开放的深入发展，我国民众的社会生活和我国的社会结构都发生了深刻的变化，人们的思想观念、意识形态也随之发生着深刻的变化，人们思想活动的差异性、多变性、独立性等明显增强，各种社会矛盾时有发生。实现社会稳定的过程，就是不断化解社会矛盾的过程，就是不断营造良好社会环境的过程。依靠文化，能引导社会成员用正确合理的立场、方法去思考未来；能倡导社会成员互帮互助、团结友爱、友好相处；能培养社会成员用理性的思维去处理矛盾，避免人们思想认识步入误区；能形成增进融合、凝聚人心、弘扬正气、化解矛盾、整合认识的社会风尚。

社会稳定的文化方略，就是采取主动的文化策略、文化理念和文化态度，也就是要抑制反动、落后的文化（文化本身需要人自主的规划、控制、创新、管理和完善），发展进步的文化，也就是人们要扬长避短，审时度势，促进文化向科学合理、理性正确的方向发展，以此推动文化的发展，探寻科学合理的文化策略，促进社会稳定的实现。

社会的稳定和发展，国家的振兴和富强，人民的福祉和安康，都离不开强大文化的支撑。文化可以净化人们的心灵，可以规范人们的行为，可以营造人心思稳的社会氛围，可以避免社会冲突的发生。因此，文化方略不仅是社会稳定的内在要求，也是社会稳定的基本保证。

社会要稳定，文化应跟进。

文化可以立国，文化可以维稳。

稳定压倒一切，文化实现稳定。

参考文献

一、著作

[1] 马克思恩格斯全集（第1卷）[M]. 北京：人民出版社，2002.

[2] 马克思恩格斯选集（第3卷）[M]. 北京：人民出版社，1995.

[3] 列宁选集（第4卷）[M]. 北京：人民出版社，1996.

[4] 毛泽东选集（第2卷）[M]. 北京：人民出版社，1991.

[5] 邓小平文选（第2卷）[M]. 北京：人民出版社，2001.

[6] 中共中央文献研究室编．十八大以来重要文献选编（上）[M]. 北京：中央文献出版社，2014.

[7] 江泽民．论“三个代表”[M]. 北京：中央文献出版社，2003.

[8] 胡锦涛．坚定不移沿着中国特色社会主义道路前进 为全面建成小康社会而奋斗——在中国共产党第十八次全国代表大会上的报告 [M]. 北京：人民出版社，2012.

[9] 胡锦涛．论构建社会主义和谐社会 [M]. 北京：中央文献出版社，2013.

[10] 习近平总书记重要讲话文章选编 [M]. 北京：中央文献出版社，2016.

[11] 中共中央文献研究室．习近平关于全面深化改革论述摘编 [M]. 北京：中央文献出版社，2014.

[12] 中共中央文献研究室．习近平关于全面依法治国论述摘编 [M].

北京：中央文献出版社，2015.
[13] 党的十九大报告辅导读本 [M]. 北京：人民出版社，2017.
[14] 中共中央文献编辑委员会. 社会主义精神文明汇编 [M]. 北京：中央文献出版社，1996.
[15] 本书编写组. 党的十八届四中全会《决定》学习辅导百问 [M]. 北京：中央文献出版社，2014.
[16] 中共中央关于构建社会主义和谐社会若干重大问题的决议 [M]. 北京：人民出版社，2006.
[17] 张耀灿，郑永廷，吴潜涛，骆郁廷，等. 现代思想政治教育学 [M]. 北京：人民出版社，2006.
[18] 周熙明. 中央党校学员关注的文化问题 [M]. 北京：中共中央党校出版社，2011.
[19] 深化文化体制改革推动社会主义文化大发展大繁荣十讲 [M]. 北京：中共中央党校出版社，2011.
[20] 李君如. 社会主义和谐社会论 [M]. 北京：人民出版社，2005.
[21] 任红杰. 社会稳定问题前沿探索 [M]. 北京：中国人民公安大学出版社，2005.
[22] 周小毛. 和谐稳定论 [M]. 长沙：湖南人民出版社，2010.
[23] 陶德麟. 社会稳定论 [M]. 武汉：武汉大学出版社，2007.
[24] 贺电. 社会稳定建设论 [M]. 北京：中国人民公安大学出版社，2014.
[25] 肖唐镖. 社会稳定研究：城乡之间 [M]. 上海：学林出版社，2011.
[26] 祁志祥. 社会理想与社会稳定 [M]. 北京：社会科学文献出版社，2013.
[27] 王煜. 社会稳定与社会和谐 [M]. 北京：社会科学文献出版社，2006.
[28] 王银梅. 社会稳定及预警机制研究 [M]. 北京：法律出版

社，2009.
[29] 李笃武．政治发展与社会稳定：转型时期中国社会稳定问题研究［M］．上海：学林出版社，2006.
[30] 宋宝安．社会稳定与社会管理机制研究［M］．北京：社会科学文献出版社，2011.
[31] 胡联合，胡鞍钢，等．当代中国社会稳定问题报告［M］．北京：红旗出版社，2009.
[32] 钟俊生，赵洪伟．社会稳定若干重大问题研究［M］．沈阳：东北大学出版社，2012.
[33] 胡象明，王锋，王丽．大型工程的社会稳定风险管理［M］．北京：新华出版社，2013.
[34] 于立．资源枯竭型城市社会稳定问题研究［M］．北京：中国社会科学出版社，2008.
[35] 吴鹏森．快速增长与变革中的社会稳定［M］．上海：上海人民出版社，2014.
[36] 张一．影响社会稳定的物价因素研究：社会管理的视角［M］．北京：中国社会科学出版社，2014.
[37] 崔凯．社会稳定视角下的刑事疑难案件处理方式研究［M］．武汉：湖北人民出版社，2014.
[38] 任仲文．学习贯彻十七届六中全会精神推动社会主义文化大发展大繁荣学习参考［M］．北京：人民日报出版社，2011.
[39] 宋士昌．马克思主义社会稳定理论与实践：新世纪新阶段中国社会稳定问题研究［M］．济南：山东人民出版社，2002.
[40] 王文章．中国先进文化论［M］．北京：文化艺术出版社，2004.
[41] 董小川．美国文化概论［M］．北京：人民出版社，2006.
[42] 鄢本凤．社会主义和谐文化建设研究［M］．北京：人民出版社，2010.
[43] 魏思政．中国特色社会主义文化建设［M］．北京：中共中央党校

出版社，2006.
[44] 尚重生．当代中国社会问题透视［M］．武汉：武汉大学出版社，2007.
[45] 苟君厉．中国视点：当代中国社会问题研究［M］．北京：西苑出版社，2010.
[46] 俞思念．社会主义文化建设的历史、理论与实践［M］．北京：中国社会科学出版社，2008.
[47] 王少安，周玉清．社会主义和谐文化建设论［M］．北京：人民出版社，2010.
[48] 于炳贵．中国特色社会主义和谐社会建设［M］．北京：中共中央党校出版社，2006.
[49] 王炳林．文化方略［M］．南昌：江西人民出版社，2001.
[50] 王伦光．价值追求与和谐社会构建［M］．杭州：浙江大学出版社，2006.
[51] 沈壮海．先进文化论［M］．北京：高等教育出版社，2003.
[52] 张小平．中国文化建设的理论与实践［M］．北京：社会科学文献出版社，2012.
[53] 吴世彩．大众文化的和谐价值［M］．北京：中央编译出版社，2008.
[54] 周振国．构建社会主义和谐社会的基本理论研究［M］．石家庄：河北人民出版社，2006.
[55] 陈成文，谭骁彧，等．建设更加和谐的社会：一个政策分析的视角［M］．北京：社会科学文献出版社，2006.
[56] 陆德生．依法治国方略［M］．南昌：江西人民出版社，2001.
[57] 曹德明．文化视角下的欧盟研究［M］．上海：上海外语教育出版社，2009.
[58] 王岗峰．走向和谐社会［M］．北京：社会科学文献出版社，2005.

[59] 李晓东．全球化与文化整合［M］．长沙：湖南人民出版社，2003.
[60] 邓吉雄，陈志强．构建社会主义和谐社会纵横［M］．长沙：湖南人民出版社，2006.
[61] 方立．构建社会主义和谐社会新探［M］．北京：人民出版社，2006.
[62] 张国清．和谐社会研究：从政治学到政治科学［M］．北京：人民出版社，2006.
[63] 本书编写组．和谐十题——构建社会主义和谐社会专题精解［M］．北京：人民出版社，2006.
[64] 魏本权．中国文化概论［M］．济南：山东人民出版社，2012.
[65] 李喜所．五千年中外文化交流史第三卷［M］．北京：世界知识出版社，2001.
[66] 赵行良．中国文化的精神价值［M］．上海：上海古籍出版社，2003.
[67] 高永贵．文化管理学［M］．北京：北京大学出版社，2012.
[68] 黄力之．先进文化论［M］．上海：上海三联书店，2002.
[69] 郭建宁．当代中国的文化选择［M］．北京：北京大学出版社，2004.
[70] 周向军．代表中国先进文化的前进方向研究［M］．北京：中国人民大学出版社，2004.
[71] 罗国杰．中国革命道德［M］．北京：中国人民大学出版社，2013.
[72] 辜鸿铭．中国人的精神［M］．西安：陕西师范大学出版社，2005.
[73] 赵浩．一本书读通中国文化［M］．北京：石油工业出版社，2011.
[74] 邹广文．社会发展的文化诉求［M］．石家庄：河北大学出版

社，2004.
[75] 张岱年. 文化与价值 [M]. 北京：新华出版社，2004.
[76] 沈清松. 中国人的价值观 [M]. 北京：中国人民大学出版社，2013.
[77] 曾小华. 文化制度与社会变革 [M]. 北京：中国经济出版社，2004.
[78] 郭镇之. 全球化与文化间传播 [M]. 北京：北京广播学院出版社，2004.
[79] 胡惠林. 文化产业发展的中国道路 [M]. 上海：上海人民出版社，2004.
[80] 唐君毅. 人文精神之重建 [M]. 桂林：广西师范大学出版社，2005.
[81] 谢舜. 和谐社会：理论与经验 [M]. 北京：社会科学出版社，2006.
[82] 俞可平. 中国治理评论 [M]. 北京：中央编译出版社，2012.
[83] 唐君毅. 中国文化之精神价值 [M]. 桂林：广西师范大学出版社，2005.
[84] 梁漱溟. 中国文化要义 [M]. 上海：上海世纪出版集团，2005.
[85] 于群，李国新. 中国公共文化服务发展报告 [M]. 北京：社会科学文献出版社，2012.
[86] 孙美堂. 文化价值论 [M]. 昆明：云南人民出版社，2005.
[87] 柳诒徵，吕思勉. 中国文化十六讲 [M]. 北京：长江出版社，2008.
[88] 三中生. 中国三文化与世界大智慧——中国三文化研究论纲 [M]. 北京：国家行政学院出版社，2011.
[89] 郑广永. 文化的超越性研究 [M]. 哈尔滨：黑龙江人民出版社，2006.
[90] 俞思念，魏明，等. 当代中国文化发展战略 [M]. 武汉：华中师

范大学出版社，2010.
[91] 曹泳鑫，赵平之. 先进文化与现代化 [M]. 上海：上海人民出版社，2005.
[92] 杨勇立，李建德. 社会主义核心价值体系学习读本 [M]. 红旗出版社，2007.
[93] 余敦康. 宗教·哲学·伦理 [M]. 北京：中国社会科学出版社，2005.
[94] 牟钟鉴. 中国宗教与文化 [M]. 成都：巴蜀书社，1989.
[95] 吕大吉. 宗教学纲要 [M]. 北京：高等教育出版社，1994.
[96] 王岗峰. 走向和谐社会 [M]. 北京：社会科学文献出版社，2005.
[97] 李文芬，蔡宗德. 中国历史文化 [M]. 北京：旅游教育出版社，1998.
[98] 毛寿龙，李梅，陈幽汉. 西方政府的治道变革 [M]. 北京：中国人民大学出版社，1998.
[99] 田成有. 传统法文化与法治现代化 [M]. 贵阳：贵州人民出版社，1999.
[100] 李桂荣. 创新型企业文化 [M]. 北京：经济管理出版社，2002.
[101] 蔡俊生. 文化论 [M]. 北京：人民出版社，2003.
[102] 李连仲. 构建社会主义和谐社会问题研究 [M]. 广州：广东经济出版社，2004.
[103] 喻发胜. 文化安全——基于社会核心价值观嬗变与传播的视角 [M]. 武汉：华中师范大学出版社，2010.
[104] 何怀宏. 良心与正义的探求 [M]. 哈尔滨：黑龙江人民出版社，2004 .
[105] 钱穆. 中国文化史导论 [M]. 上海：商务印书馆，1994.
[106] 马建中. 政治稳定论：中国现代化过程中的政治稳定问题研究 [M]. 北京：中国社会科学出版社，2003.

[107] 吴忠民．社会公正论［M］．济南：山东人民出版社，2004．
[108] 韩民青．文化的历程［M］．济南：山东人民出版社，2012．
[109] 周宪．文化表征与文化研究［M］．北京：北京大学出版社，2007．
[110] 刘永华．中国社会文化史读本［M］．北京：北京大学出版社，2011．
[111] 童恩正．人类与文化：童恩正学术文集［M］．重庆：重庆出版社，1998．
[112] 张岱年，方克立．中国文化概论［M］．北京：北京师范大学出版社，2004．
[113] 顾建键，等．转型中的社会治理：和谐社会构建与城市社会发展研究［M］．上海：上海交通大学出版社，2006．
[114] 朱高正．中华文化与中国未来［M］．上海：华东师范大学出版社，2004．
[115] 王伦光．价值追求与和谐社会构建［M］．杭州：浙江大学出版社，2006．
[116] 马杰．和谐社会与系统范式［M］．北京：社会科学文献出版社，2006．
[117] 陈成文．建设更加和谐社会：一个政策分析的视角［M］．北京：社会科学文献出版社，2006．
[118] 方立．构建社会主义和谐社会新探［M］．北京：人民出版社，2006．
[119] 周建明．和谐社会构建设：欧洲的经验与中国的探索［M］．北京：清华大学出版社，2007．
[120] 李连仲．建设和谐社会的实践探索［M］．北京：经济科学出版社，2006．
[121] 李敬，孙仲玲．和谐社会建设的理论与实践［M］．成都：西南交通大学出版社，2007．

[122] 李雅兴．构建社会和谐社会的多维度分析［M］．北京：中国水利水电出版社，2007.
[123] 张国清．和谐社会研究：从政治学到政治科学［M］．北京：人民出版社，2006.
[124] 童南茜．中国刻不容缓——拯救我们的道德［M］．武汉：华中科技大学出版社，2012
[125]［美］罗斯．社会控制［M］．秦志勇，毛永政，译．北京：华夏出版社，1989.
[126]［美］詹姆逊．文化转向［M］．北京：中国社会科学出版社，2000.
[127]［德］马勒茨克著．跨文化交流——不同文化的人与人之间的交往［M］．潘亚玲，译．北京：北京大学出版社，2001.
[128]［美］本尼迪克特．文化模式［M］．上海：上海三联书店，1988.
[129]［美］成中英．中国文化的现代化与世界化［M］．北京：中国和平出版社，1988.
[130]［美］塞缪尔·亨廷顿，劳伦斯·哈里森．文化的重要作用——价值观如何影响人类进步［M］．北京：新华出版社，2010.
[131]［美］杜威．自由与文化［M］．上海：商务印书馆，1964.
[132]［美］塞缪尔·亨廷顿．文明的冲突与世界秩序的重建［M］．北京：新华出版社，2002.
[133]［美］塞缪尔·亨廷顿，彼得伯杰．全球化的文化动力［M］．北京：新华出版社，2004.
[134]［美］孙隆基．中国文化的深层结构［M］．桂林：广西师范大学出版社，2004.
[135]［英］约翰·汤姆林森．全球化与文化［M］．郭英剑，译．南京：南京大学出版社，2002.
[136]［英］约翰·B. 汤普森．意识形态与现代文化［M］．上海：译

林出版社，2005.
[137]［英］马林诺夫斯基．文化论［M］．费孝通，译．北京：中国民间文艺出版社，1987.
[138]［美］约翰·罗尔斯．正义论［M］．何怀宏，等，译．北京：中国社会科学出版社，1988 .
[139]［法］托克维尔．旧制度与大革命［M］．冯棠，译．北京：商务印书馆，2012.
[140]［法］弗雷德里克·马特尔．主流——谁将打赢全球文化战争［M］．北京：商务印务馆，2012.
[141]［美］罗伯特·F. 墨菲．文化与社会人类学引论［M］．北京：商务印务馆，2009.
[142]［美］约翰·博德利．人类学与当今人类问题［M］．周云水，史济纯，何水荣，译．北京：北京大学出版社，2010.
[143]［英］约翰·斯道雷．文化理论与大众文化导论［M］．常江，译．北京：商务印务馆，2010.
[144]［德］黑格尔．历史哲学［M］．上海：三联书店，1956.

二、学位论文

[1] 饶武元．社会稳定视角下的思想政治工作创新研究［D］．南昌：南昌大学，2012.
[2] 陶治国．改革、发展与中国的社会稳定［D］．北京：中共中央党校，1995.
[3] 陈云．论思想政治工作在社会稳定中的作用［D］．上海：华东师范大学，2004.
[4] 李传柱．当代中国社会稳定：历史、挑战、对策［D］．北京：中共中央党校，2001.
[5] 韩美群．和谐文化论［D］．武汉：武汉大学，2008.
[6] 杨义芹．关于构建社会主义和谐社会的战略思考［D］．天津：天

津师范大学，2006.
[7] 樊聪．中国社会稳定问题的现状与对策研究［D］．沈阳：辽宁大学，2012.
[8] 韩柱．社会主义核心价值体系的文化透视［D］．天津：南开大学，2009.
[9] 邓福庆．和谐文化建设视野中的思想政治教育研究［D］．长春：东北师范大学，2012.
[10] 丁卫华．新时期中国共产党政党文化研究［D］．南京：南京师范大学，2012.
[11] 孙成武．中国共产党与20世纪中国文化的变革［D］．长春：东北师范大学，2003.
[12] 郭纯平．新世纪国内群体性事件研究——以构建和谐社会为视角的考察［D］．北京：中国社会科学院，2011.
[13] 王凌云．胡锦涛社会稳定思想研究［D］．大连：大连海事大学，2011.
[14] 部付见．当代中国意识形态建设研究［D］．北京：中共中央党校，2012.
[15] 雷文花．宗教在当代中国的社会功能［D］．西安：西北大学，2012.
[16] 张冉．文化自觉论［D］．武汉：华中科技大学，2010.
[17] 杨海波．列宁文化理论研究［D］．济南：山东大学，2014.
[18] 聂国林．红色资源思想政治教育价值有效实现研究［D］．南昌：南昌大学，2013.
[19] 韩丽彦．论提高我国文化软实力［D］．北京：中共中央党校，2013.
[20] 洪华君．常德市文化软实力提升研究［D］．长沙：湖南大学，2012.
[21] 刘建萍．提高安徽文化软实力的对策研究［D］．合肥：合肥工业

大学，2012.
[22] 刘京健．中国文化软实力存在的问题及对策研究［D］．齐齐哈尔：齐齐哈尔大学，2014.

三、期刊论文

[1] 饶武元，程祥国．社会稳定视野下的思想政治工作管理创新［J］．教育学术月刊，2012（03）.
[2] 徐金芹．和谐社会中廉政文化建设的新举措［J］．法制与社会，2007（08）.
[3] 王春燕．加强廉政文化建设　构筑反腐倡廉惩防体系［J］．山东社会科学，2011（08）.
[4] 莫岳云，蔡蓉．加强廉政文化建设　构建和谐社会［J］．华南理工大学学报（社会科学版），007（02）.
[5] 曾建平，丁铃．环境伦理：人类生存的文化视野［J］．井冈山大学学报（社会科学版），2010（01）.
[6] 吕青，吴妍妍．人文伦理重构的文化之维［J］．求索，2008（07）.
[7] 苗伟，当今世界人类日益凸显的文化关系［J］．齐鲁学刊，2012（03）.
[8] 申来津．思想政治教育的社会稳定功能［J］．学术交流，2001（02）.
[9] 韩承敏．先进文化视野下的伦理观解读［J］．扬州大学学报（人文社会科学版），2006（06）.
[10] 胡长贵．先进文化与和谐文化的伦理际遇［J］．中共长春市委党校学报，2007（08）.
[11] 黄瑾宏．文化视阈中和谐的伦理解读［J］．中国矿业大学学报（社会科学版），2009（04）.
[12] 柴文华．论中国伦理文化重建的必要性［J］．河南师范大学学报（哲学社会科学版），1997（03）.

[13] 陶维梅．和谐社会建设的伦理视角［J］．学校交流，2007（11）．

[14] 樊浩．当前我国诸社会群体伦理道德的价值共识与文化冲突［J］．哲学研究，2010（01）．

[15] 包毅．试论构建和谐社会进程中的法律文化建设［J］．北京人民警察学院学报，2006（05）．

[16] 盛美军．论法律文化在构建社会主义和谐社会中的作用［J］．学术交流，2006（02）．

[17] 宗立华．大众文化的本质、作用和建设策略［J］．学术交流，2005（06）．

[18] 阎孟伟．"社会公正"与社会和谐［J］．天津社会科学，2007（01）．

[19] 陈立旭．论文化的超越性功能［J］．中国社会科学，2000（02）．

[20] 马革．论新世纪新阶段维护我国社会稳定的基本要求［J］．理论界，2014（04）．

[21] 龚正荣．胡锦涛同志以主流意识形态引领社会稳定思想论析［J］．毛泽东思想研究，2009（03）．

[22] 张恒山．从文明转型看当代中国社会稳定状态［J］．中共中央党校学报，2014（03）．

[23] 陈佳宁．论当前我国法律文化的理论基础［J］．法制与社会，2011（04）．

[24] 李育全，马雁．论法律文化的创新［J］．当代法学，2000（04）．

[25] 熊滨．和谐社会的公正理念［J］．江西社会科学，2005（08）．

[26] 李锦望．用文化打造企业的核心竞争力［J］．中外文化，2003（01）．

[27] 李月媚．构建和谐社会必须实现社会公正［J］．吉林省教育学院学报，2009（09）．

[28] 刘证刚．"草根文化"与移民社会整合［J］．福建省社会科学报，2001（04）．

[29] 欧阳英，程晓萱．关于构建和谐社会思想的政治哲学解读［J］．哲学动态，2008（12）．
[30] 汪信砚．社会稳定及其基本特征探微［J］．武汉大学学报（哲学社会科学版），1999（01）．
[31] 宁全新．法律文化与构建社会主义和谐社会的理路探析［J］．广西社会科学，2008（07）．
[32] 赵丽敏．法律文化与构建社会主义和谐新农村［J］．法制与社会，2007（12）．
[33] 董爱玲．法律文化中的和谐精神与和谐社会建设［J］．甘肃省经济管理干部学院学报，2007（06）．
[34] 郝耀武，梁华．论法律文化及其构建［J］．学术交流，2004（08）．
[35] 徐家庆．转变理念：维护社会稳定的应然选择［J］．毛泽东邓小平理念研究，2006（04）．
[36] 才立琴．压力下的青年发展与社会稳定［J］．中国青年研究，2014（10）．
[37] 陈育钦．和谐社会视野下的廉政文化建设［J］．郑州航空工业管理学院学报（社会科学版），2008（04）．
[38] 龚天平．文化建设的伦理维度［J］．华中科技大学学报（社会科学版），2012（01）．
[39] 项久雨．论思想政治教育的合目的性［J］．江汉论坛，2014（07）．
[40] 刘勇，黄宝玲．试论转型时期中国共产党维护和保持社会稳定的实践路径［J］．徐州师范大学学报（哲学社会科学版），2007（05）．
[41] 刘永桃．探析古希腊雅典城邦政治中的民主［J］．法制与社会，2009（22）．
[42] 雷卫平．社会稳定的文化方略［J］．学术交流，2012（06）．

[43] 雷卫平. 文化的社会稳定功能 [J]. 西南农业大学学报（社会科学版），2012（08）.

[44] 侯绍庄. 从中国封建社会的特点看其长期延续的原因 [J]. 贵州大学学报（社会科学版），1984（01）.

[45] 樊志辉. 文化的全面自觉与人文学者的使命 [J]. 学术交流，2012（01）.

[46] 李静. 论儒家文化对构建和谐社会的现实价值 [J]. 湖北省社会主义学院学报，2011（06）.

[47] 徐光春. 正确认识和处理改革发展稳定三者关系 [J]. 中国特色社会主义研究，1995（01）.

[48] 师凤莲. 古希腊思想家社会和谐理论刍论 [J]. 理论学刊，2009（01）.

[49] 罗锐华. 文化自觉与文化建设的推进 [J]. 重庆社会科学，2011（12）.

[50] 申来津，雷卫平. 理性爱国之理性解读 [J]. 学校党建与思想教育，2014（02）.

[51] 雷卫平. 自我激励与人力资源的开发 [J]. 合肥工业大学学报（社会科学版），2010（05）.

四、外文文献

[1] Arthur Cotterell，China A Cultural History，Published by the Penguin Group，1998.

[2] H. Warren Button & Engene F. Provenzo，History of Education and Culture in America. Prentice-Hall，Inc.，1983.

[3] Sune Lagaar，Feasibility and Stability in Normative Political Philosophy：The Case of Liberal Nationalism. Ethical Theory and Moral Practice，2006，9（4）：399-416.

[4] Flannery，K. V. The cultural evolution of civilizations，Annual Review

of Ecology and Systematics, 1972 (3): 399-426.

[5] Throshy, D. The concentric circles model of the cultural industries. Cultural Trends, 2008, 17 (3): 147-164.

[6] Paul Cowling. An Earthy Enigma: The Role of Localism in the Political, Cultural and Economic Dimensions of Media Ownership Regulation [J]. Hastings Communicatiôns & Entertainment Law Journal, 2005, 27 (2): 257-357.

[7] Dominic Strinati, An Introduction Theories of Popular Culture, 2001.

[8] Kenneth Thompson. Media and Cultural Regulation [M]. London: Sage Publications Ltd., 1997.

[9] Richard J, Payne, Jamel R. Nassar, Politics and culture in the developing world: the impact of globalization. New York: Longman, 2003.

[10] John Fisk, Understanding popular culture, Boston, Unwin Hyman, 1989.

[11] Mike Feathersto, Global culture: An introduction, In Theory, Culture and Society, 1990 (7).

[12] Orsley, Peter. Knowledge: Culture, Counterculture, Subculture, New Press, 1977.

致　谢

寒来暑往，又到九月，丰收之季，论文草成，掩卷之时，身心疲惫，起身推窗，微风拂面，透过窗外，凝视绿叶，聆听鸟鸣，此情此景，百感交集，思绪万千。

四年前，读博之初，也是在九月，也是透过窗外，也是望着绿叶，那时告诫自己：读博期间，珍惜时间，充实自己，力争优秀，四年后的此时此刻，面对自己，惭愧不已，遗憾颇多！

四年来，我几乎在恍惚之中度过，一来工作的繁忙，二来学业的压力，三来家务的琐事，四来生计的艰辛……个中滋味，五味杂陈，难以言表。辩证法永远都是伟大而正确的，有所得必有所失，反之亦然。

四年来，几多风雨、几多惆怅、几多惘然、几多寒冬、几多惋惜，几多顿悟……虽有成功的喜悦、可也有成长的代价，虽有得亦有失、累并充实着、痛并遗憾着，虽少了些许的头发、多了些许的白发，但梦想仍在，希望永存。是的，人间不是天堂，人间也没有天堂，天堂要么存在于理想者的梦中，要么存在于渴望者的心中。面对未来，怀着梦想，坚定信念，尽心尽力，无怨无悔，坚持不懈，勇往直前，望苍天不负，天道酬勤，梦想成真。

流光易抛，年华难留。

时间过得飞快，一晃就是四年。

读博四年，是人生之烛的生命之源？是学术研究的希望之门？是学习升华的知识之旅？是学术历练的荆棘之路？但愿如此！

读博四年，看起来很长，走起来很短；说起来很累，想起来很美。博士就要毕业，内心为之激动，心情为之喜悦，激动是深刻的，喜悦是美好的。博士学习阶段就要结束，但学习是一生的事业、学术是一生的追求，所以我对学习的渴望、对学术的思考永远也不会结束。

回眸四年，有太多的感慨、感想、感受、感动、感悟要思考。

驻足四年，有太多的感念、感怀、感恩、感激、感谢要铭记。

佛说：前世五百次的回眸，才换来今生的擦肩而过。短短今生一面遇，前世多少香火缘。回眸是一种缘，驻足是一种缘，师生是一种缘，友人是一种缘，恩人是一种缘，家人是一种缘，生命是一种缘。如果有来生，来生也是一种缘。组成人生的，就是那无数个缘；构成回忆的，就是那无数个人。感谢太多的缘、太多的人……

首先，我要感谢我的导师——申来津教授。四年的读博学习，四年的知识灌溉，四年的精心指导，令我感激，也令我感动。导师为人之平易近人、豁达正直，为师之睿智博学、宽厚包容，为学之缜密严谨、博学慎思……所有这些都给予我极大的影响和熏陶，让我终生受益。倘若深刻领会导师的思想，定能成就一篇精彩华章，可惜本人天生驽钝、才疏学浅、学养未达、能力欠缺、精力有限，只能徒留遗憾，只有以后努力，再去弥补。回想博士学习阶段：培养计划的制订，博士课程的学习，博士论文的选题、构思、开题，以及博士论文观点的提炼、框架的确定、预答辩的举行，等等，都饱含着导师大量的心血，师之情，永不忘。

其次，我要感谢王威孚教授、程森成教授、夏江敬教授、张友棠教授、李志峰教授、马廷奇教授、魏纪林教授、朱哲教授、李牧教授、杨怀中教授、王智教授、吴潜涛教授、熊建生教授、唐克军教授、王广辉教授等，感谢他们在我博士课程学习、论文开题等方面给予的指导和指点，感谢他们在我博士求学期间给予的关心和关照。

再次，我要感谢我的硕士导师赵恒平教授，从硕士到博士，从考博到读博，从学业到学术，多年来，赵老师对我指导之多、影响之大，怎么言说，都不为过，此恩此情，永志不忘。

接着，我要感谢教育科学研究院的各位领导、老师，硕士在此学习，去年又回到此工作，教育科学研究院不仅丰富了我的知识，而且充实了我的人生，不仅承载过我的希望，而且给了我发展空间，不仅让我懂得且学且成长的道理，而且让我明白且行且珍惜的哲理，因此，衷心感谢教育科学研究院。

再接着，我要感谢我的学生，多年的学生工作，多届的学生相伴，成百上千的学生，成百上千的日子，我们共同学习，相互交流，彼此促进，一起成长。学生工作，不仅难忘，而且难舍，有的学生毕业多年，却经常联系，有的学生相距遥远，却时常问候，如此这般，甚感欣慰，你们是我人生宝贵的精神财富。

又接着我要感谢评审本文的各位专家、学者，感谢他们在百忙之中评阅我的博士论文，感谢他们对我博士论文所给予的学术性评判。

最后我更要感谢我的家人！一直以来，与家人（特别是与孩子）的许多风景、许多背影，挥之不去，常在我心！亲情可贵，挚爱亲人，今生今世，来生来世，我永远珍惜亲情，我的心就像风筝的线，那端永远都连着我的家人（特别是连着我的小孩）。无论至天涯，还是至海角，我都要感谢我的家人，家人是我生命的依托！家人是我顺利完成博士论文的支柱！家人是我不断前进的动力！

我衷心祝福这些善良的人们！

祝这些善良的人们一世安好！

祝这些善良的人们能得到世间最永恒的幸福！

雷卫平

2015 年 9 月 5 日于江城武汉本人寓所

2015 年 11 月 17 日修改于武汉理工大学本人办公室

补 谢

虽然自己早就想将 2015 年 12 月答辩通过的博士论文修改出版，可因种种原因一拖再拖，拖了 3 年多后，才终于到了出版面世的时候，内心深处实在是惭愧不已。但拙文既然要出版面世，所以还是要照例说一些回忆的话、感谢的话，聊做补谢。

首先要再次感谢攻读硕士学位的授业导师赵恒平教授，以及攻读博士学位的授业导师申来津教授，两位恩师不仅引我入门，而且教我为学、为人、为师……忆起两位恩师对自己的指教，就像是昨天发生的事情一样。并且时至今日，他们仍在给我教益、指导和帮助。没有他们的关心和帮助，我是无法完成早年的硕士论文以及博士论文。一直以来，我对两位恩师的感谢之情总是溢满心间。

感谢博士论文答辩委员会的各位老师：武汉大学的熊建生教授、华中师范大学的唐克军教授、武汉理工大学的赵恒平教授 、武汉理工大学的魏纪林教授、武汉理工大学的李牧教授。

感谢评审本文的三位匿名专家、学者，2015 年 9 月底，校学位办将此篇拙文送到教育部学位中心，由教育部学位中心组织专家匿名盲审，煎熬、等待了一个多月之后，得知此篇陋文的匿名盲审结果：三位匿名教授分别给予优秀的评价。我深知自己天生驽钝、才疏学浅、学养未达、能力有限，三位匿名盲审专家同时给予优秀的评价，可能只是对我的一种鞭策，也可能只是对我的一份厚爱。因为是教育部学位中心组织的匿名盲审，所以，到如今，到永远，我都不会知道是哪三位专家评审我的论文，但我知道我要衷心感谢这三位匿名盲审专家，感谢他们在百忙之中评阅我的博士论文，感谢他们对我博士论文所给予学术上的评判。

感谢武汉大学出版社的王智梅老师，从本书章节的调整、内容的增减（特别是因种种考量将书稿第 4 章中案例删除，本人虽有遗憾，但也深表理解)，以及文中细微之处的订正，均有她的心血。

感谢武汉理工大学研究生院、教育科学研究院提供出版经费。

本书还借鉴了众多国内外前辈、同仁的相关研究成果，在此一并表示感谢。

当然由于笔者学识未达、水平有限，本书的疏漏、错误在所难免，敬请大家批评指正。

雷卫平于武昌马房山

2018 年 12 月 20 日